U0956043

手把手教你微店

引流推广

王　俞◎著

中国宇航出版社

·北京·

图书在版编目(CIP)数据

手把手教你微店引流推广 / 王俞著. -- 北京 : 中国宇航出版社，2016.5

ISBN 978-7-5159-1104-5

Ⅰ. ①手… Ⅱ. ①王… Ⅲ. ①网络营销 Ⅳ. ①F713.36

中国版本图书馆 CIP 数据核字（2016）第084334号

责任编辑 田芳卿
责任校对 卢　珊　　装帧设计 宇星文化

出版发行 中国宇航出版社
社　址 北京市阜成路8号　　邮　编 100830
(010)60286808　　(010)68768548
网　址 www.caphbook.com
经　销 新华书店
发行部 (010)60286888　　(010)68371900
(010)60286887　　(010)60286804(传真)
零售店 读者服务部
(010)68371105
承　印 三河市君旺印务有限公司
版　次 2016年6月第1版　　2016年6月第1次印刷
规　格 787×960　　开　本 1/16
印　张 13.5　　字　数 184千字
书　号 ISBN 978-7-5159-1104-5
定　价 35.00元

本书如有印装质量问题，可与发行部联系调换

前言
preface

微店的诞生给无数人提供了创业的机会。很多嗅觉灵敏、敢于行动的人，早已先行一步，成了逐浪获利的成功者。

正是微店自身具有的众多优势，吸引越来越多的人纷纷入驻微店平台，想要借助行业发展的机遇分一杯羹，这也就意味着微店的竞争越来越激烈。可以讲，现在开微店容易，但真正经营得好，实现盈利的微店，比例却并不太高。

很多人都以为开家微店就能实现自己创业的梦想，但现实与理想总是相差甚远。开了微店之后，很多人都会面对这样一个无情的现实：开店大半年，投入了不少时间和精力，竟然没有多少生意可做。

实际上，很多人都把经营微店想得过于简单。殊不知，一味地守株待兔，怎么能做好微店。微店是一个全新的事物，与传统店铺在很多经营方法上都存在不同。但有一点两者却是共通的，那就是想要经营好，就必须有足够多的顾客。

店铺内没有顾客，自然没有生意可做。那么，店铺如何“破冰”，才能让更多人知道自己的微店，吸引顾客进店消费呢？这就要求店主在开店前期，必须做好引流推广工作，并将其落实到店铺的后续经营中。

什么是引流推广？其实“引流”和“推广”是两个不同的概念，但很多人却容易将它们的概念混淆在一起。引流强调的是通过各种手段、措施和技巧，将顾客、流量导入到店铺中；推广的主要目的是利用各种网络推广方法，使自己的产品和店铺尽可能地让更多的人知道。

一个是引过来，一个是推出去，这正是两者之间的区别。但在实际运营中，这两者却必须结合在一起，单独做哪一个方面，都达不到预期的目的。

推广引流是店铺成功与否的关键，而线上线下的引流推广渠道有很多，比如微信、微博、实体店铺等。只要店主找到适合自己的引流推广渠道和方法，就能成功地使店铺“破冰”，吸引目标顾客进店消费。

本书紧扣“引流”和“推广”这两方面内容，从引流推广的概念、完善店铺设置、软文营销、引流方法、多渠道推广、与顾客互动以及客户管理七大板块，详细地为大家讲解如何做好引流推广工作。本书语言通俗易懂，内容翔实，实用性强，能够帮助广大微店经营者解决流量和客源的难题。

当然，万事开头难，更难的则在于店主的执行和落实能力。如果广大店主能够仔细阅读本书，并脚踏实地地认真执行，做好每一项引流推广工作，相信在不久的将来，你的店铺一定会迎来“春暖花开”。

目录
contents

第1章

CHAPTER ONE

微商之争，关键在于引流推广

微店运营的本质是通过引流推广实现顾客变现。如果店主只做“存量”，不做“增量”，不仅会耗尽自己有限的资源，还会因缺乏足够的引流能力，导致店铺门庭冷落，人流稀少。

要想在激烈的市场竞争中独占鳌头，店主必须要明白，顾客之争关键在于引流推广。

1.1 店铺做引流推广的三个理由

引流推广是店铺经营必不可少的一项重要工作，其效果如何，将直接决定店铺的流量和销量，在很大程度上影响店铺的经济效益。

1.1.1 改善店铺现状

对于店主来说，做好引流推广工作，可以改善店铺的经营现状。特别是很多新开的微店，大都面临着流量少、交易不足的困境。做好引流推广，自然就能有效地解决这个问题。

实际上，不管是新手，还是久经沙场的老手，他们都把大把的时间和精力投入到引流推广工作中。因为通过引流推广，可以为店铺带来大量的顾客，不仅能提高店铺的人气，还能为店铺带来收入。

随着引流推广工作越做越好，店铺也会得到最大程度的曝光，形成良好的品牌形象，让目标消费者从众多品牌中很快辨识出自己的店铺，愿意掏钱在你的微店下单。这样就能改变店铺经营惨淡的现状，解决运营不善的问题。

1.1.2 突破销售境界

除了运营不善的一部分微店之外，还有另外一部分微店，顾客和流量也还说得过去，每天也都会有一定的销售收入。那么这样的微店是不是就不需要引流推广了呢？答案显然是否定的。

微店运营只有更好，没有最好。要想突破销售境界，就要持续不断地做好引流推广，找到之前没有注意到的盲区，扩大增量，改变以往四平八稳的运营和销售状态，让整个微店经营工作更上一层楼。

除了销售和利润之外，微店也需要积累一些高含金量的顾客。一方面从各个渠道积极导入这部分群体，另一方面还要积极和他们互动，让他们成为微店的“铁粉”和拥趸，最终成为微店品牌的传播者和捍卫者。这些其实都有赖于持续不断的引流推广工作。

1.1.3 迅速获得成功

通过引流推广，自己的店铺会被更多的人熟知，不仅有利于塑造店铺品牌的知名度、美誉度和忠诚度，而且还会在现有的顾客基础上，增加大量潜在顾客。如果我们能维护好这些顾客，他们会为店铺源源不断地创造价值。

众所周知，塑造品牌和积累顾客并非一朝一夕之功。“冰冻三尺非一日之寒”，说的就是这个道理。当自己的店铺成为一个品牌店，而且拥有大量的忠实顾客，那么就不用担心自己的商品卖不出去，也无须担心被其他店铺用各种手段抢夺过去。

在实际运营中，每家微店成功的原因或许各异，但一定有一个共性的特点，那就是对引流推广工作非常重视，引流推广工作做得非常成功。

要想做好微店，店主就要潜下心来，认真做好推广引流工作，这样才能在较短的时间内获得成功，在激烈的市场竞争中占有一席之地。

1.2 遵循原则，引流推广才能事半功倍

对于店主来说，商品和服务再好，没有进行引流推广，也是无法让目标顾客知道的。但是要想做好引流推广工作，店主必须遵循一定的原则，这样才能使引流推广工作达到事半功倍的效果。否则不仅不会达到预期的效果，反而会给店铺经营带来不良的后果。

1.2.1 引流推广效率最大化

大家都知道引流推广的重要性，但这不意味着店主可以无限期、无节制地进行引流推广，毕竟店主的时间、精力、资金和渠道等各种资源都是有限的。另一方面，时间长、投入多并不等于收益就大，这里面必须考虑投入与收益的比率问题。

基于以上两点，在做微店引流推广时，首先必须遵循效率最大化的原则，也就是争取在单位时间、单位投入的前提下，尽可能地创造更多的收益和效能。只有这样，才能用有限的资源创造出最大的价值，最大化地推动微店的引流推广工作。

1.2.2 引流推广风险最小化

实际上，在引流推广过程中，店主每一次投资未必都能得到回报，投资是需要承担一定风险的。或许店主投入的是时间和精力，或许店主不仅仅投入了时间和精力，还投入了资金，但是如果不能做好风险防控工作，稍有不慎，投入的一切就会荡然无存。所有努力到头来白忙一场，不但没有达到预期的效果，反而使自己遭受了名誉和金钱的双重损失，这对店主来说，是得不偿失的。

店主在进行引流推广时，一定要遵循风险最小化原则，注意降低风险，做好风险防控工作。具体操作上，可以事先做好引流推广计划，然后请专业人士进行利弊分析，综合权衡，最终确定引流推广工作方案。

1.2.3 引流推广费用最小化

营销行业中流传着这样一句话："不以盈利为目的的企业不会持久。"这句话放在微店也同样适用。对于店主来说，经营一家微店，除了进货需要投入外，花费最多的就是引流推广了，而它又是店铺经营必不可少的。在商品进货成本无法降低的情况下，只有降低引流推广费用，才能获得更多的利润，达到利润最大化。

在引流推广过程中，不管店主选择哪个平台，采用哪种方法，都必须要遵守引流推广费用最小化原则。只有做到这一点，才能利用有限的资金，发挥最大的作用，赚取更多的利润。

1.3

店铺引流推广的四个关键点

引流推广的方式和渠道很多，很多店主对此也是不遗余力。但要想真正提升店铺的流量和转化率，必须把握好店铺引流推广的几个关键点。只有这样，才能保证引流推广的方向和效率。

1.3.1 产品质量要有保障

产品质量是一个店铺更好地生存和发展下去的基础。没有质量保证的产品，顾客即便买了一次，也不会再买第二次，并且极有可能给予一个深恶痛绝的差评，那么流量和转化率非但不会提升，还有可能降低。

相反，如果店铺产品质量有保障，那么即便你的价格贵一点儿，顾客也有可能因为质量好而购买，并且会自发形成一种扩散效应，让更多的人知道你的店铺和产品，也就是导入更多的流量。

对于广大微店店主来说，要想做好引流推广工作，首先必须打好基础，做好产品质量保证工作，以此吸引流量，留住流量，最终增加顾客的信任，促进交易的形成。

1.3.2 找到目标顾客人群

无论做什么事，方向不对，无异于缘木求鱼。微店引流推广工作同样如此。在营销领域，但凡那些取得成功的企业或商家，往往都有明确的目标顾客人群。即便是经营同一种类的产品，其目标消费人群也是各不相同的。比如雷军和罗永浩都是做手机的，但雷军的目标顾客人群是那些发烧友，而罗永浩的目标顾客人群是与老罗拥有相同人文情怀、追求生活品质的城市精英。

当然，在微店中取得成功的人不胜枚举，例如哈爸、张裕等微店达人，他们的成功自然离不开目标消费群体的正确圈定，因此在较短的时间内，他们就获得了非同寻常的成功。比如哈爸，就是找到了那些妈妈群，最终才将微店做大。

对于店主来说，如何才能找到目标顾客人群呢？首先要知道自己售卖的是什么样的产品，同时要知道哪些人对自己的产品有需求。对自己产品有需求的人，才是自己的目标顾客人群。比如，店主经营的是时尚女装，那么二三十岁的时尚女性，就是自己的目标顾客人群。

总之，不管店主经营什么品类的产品，要想将店铺的引流推广工作做到位，在引流推广之前，必须对目标顾客人群进行定位，并找到目标顾客人群主要的集聚地。只有这样，才能根据目标顾客的特点，制定出相应的引流推广计划，吸引这部分人群，增加交易成功率，顺利地将产品卖出去。

1.3.3 选择适合自己的引流推广平台

万事开头难，尤其是新手开店更难。不过，只要店主懂得如何引流推广，即便是新手，也能很快做起来。

对于店主来说，可供选择的引流推广平台很多，比如微信、微博等。每个平台都有各自的特点和功能，也都有自己的操作方式。如果店主将这些平台全部利用起来，将会花费很多的时间和精力。因此在做引流推广之前，要根据自己的实际情况，从中选择一种或几种适合自己的引流推广平台，重点进行引流推广。有的放矢，效果往往更好。

实际上，线上引流推广的平台有很多，比如微信、微博、论坛、QQ 等社交平台。也可以利用微店平台自有的推广功能，比如口袋直通车、活动报名、分成推广、友情店铺等。这些都是非常不错的线上引流推广平台，只要店主善于利用，就能获得非常不错的引流推广效果。

除了线上引流推广平台，其实线下引流推广平台也不少，比如公园、大型商场、超市等客流量较大的地方。也可以选择与其他实体店联盟，比如肯德基、麦当劳、精品店等。只要与你没有利益冲突，且实力相当的商家，都可以与他们合作。

本书第 4 章和第 5 章详细介绍了一些线上线下的引流推广平台，这里就不一一详述了。总之，店主认真选择适合自己的引流推广平台，将其做到极致，那么一两个平台做好了，就能够获得预期的引流推广效果。

1.3.4 针对顾客需求推荐相应商品

实际上，销售就是介绍商品能够提供给顾客的利益，是满足顾客特定需求的一个过程。商品销售包括有形的商品以及无形的服务，但无论是哪一种，满足顾客特定需求都要做到顾客特定的欲望被满足，或者顾客特定的问题被解决。如果店主不能准确知晓顾客的需求，是没有办法令顾客满意的，自然谈不上交易了。

流量导入进来之后，店主或者微店客服人员还要针对顾客的实际需求推荐相应的产品，这样才能满足顾客的需求。本书第 6 章和第 7 章有相关的内容讲解，这里就不一一详述了。

1.4 三个店铺引流推广铁规不可不知

任何事情都一样，要想做好，必须遵循一定的原则和规矩。微店引流推广也是这样，来不得半点盲目。在做引流推广之前，必须了解这个工作需要掌握的“铁规”。只有这样，才能最大限度地吸引精准顾客进店购买，提高店铺的点击率和成交率。

1.4.1 把顾客当人看，而不是数据

随着消费水平和消费意识的觉醒，我们的消费者发生了巨大的变化。对于他们来说，买一样东西，已经不仅仅是追求满足物质需求本身，他们还看重购买本身带来的愉悦的情感和精神体验。

换句话说，我们的每一个顾客，都不是微店后台冷冰冰的一组数字，而是一个活生生的、有感情的、有个性的人。这就要求微店经营人员，首先必须掌握微店引流推广工作的第一条铁规——把顾客当人看，而不是当成数据。

在以往的引流推广中，很多店主都会走进一个误区，觉得谁的粉丝多，

谁的引流推广工作就做得好，因此大家都在比拼谁的粉丝多。没有上万的粉丝，店主们都不好意思说出口，但却忽略了实际的转化率问题。这其实就是一种把顾客当数字看的做法。

实际上，你拥有的庞大粉丝群中，有多少粉丝真正能够转化成为你的顾客，购买你的商品，这一切都是一个未知数，甚至会与你的预期相差甚远。

相反，一个用真心和诚意交往下来的顾客，却有可能会为你带来 10 个甚至更多的潜在顾客。比如雷军曾经说过，小米只有十几万的用户，但就是这十几万用户，帮他卖了 1000 多万部手机。

店主不能将顾客当作数字看，而是要把顾客当人看。要在乎粉丝的质量，而不是粉丝的数量。

1.4.2 每位顾客都是店铺的推销员

如果用一个更宏观的视角来看，那么在营销领域，销售无处不在，购买随时发生。整个社会就是一个你买我买大家买、你卖我卖大家卖的生意场，人人都是购买者，人人都是推销员。

微店又何尝不是如此。在微店中，每个顾客都有可能成为我们的推销员，帮我们免费做推广，为我们带来源源不断的客源。

在实际运营中，很多店主将大量的时间和精力放在发展新顾客上，却没有维护好现有顾客，导致顾客大量流失。这有点儿像“丢了西瓜捡芝麻”，结果是得不偿失。实际上，店主可以让顾客成为你的推销员，通过顾客推荐来的新顾客，不仅有可能成为你的忠实顾客，而且投入少，风险低，为微店创造的利润却很大。

更重要的是，这些新顾客同样会为你继续推荐新的顾客。这样传递下去，就形成了一个良性的顾客自动流入循环。

想要实现这一目标，店主必须将目光放在产品或服务上，尽己所能，为顾客提供优质的产品和服务，为顾客创造价值，关心顾客，用产品或服务提升他们生活或工作的品质和便利。这样，他们就会将这种很好的购物体验告诉他们身边的亲朋好友，为店铺带来大量稳定且高质量的顾客。

同时，微店还有佣金制度。店主通过“分成推广”，设置相应的佣金比例，不仅可以鼓励顾客向别人推荐自己的微店，为店铺带来新顾客，而且有助于将顾客发展成为自己的分销商，给店铺带来源源不断的客源。

总之，店主要从观念上改变自己与顾客的关系，不能仅将顾客看作是商品的购买者，更要将他们看成是可能的推销者。如果我们能把他们服务好，那么他们就有可能给我们带来源源不断的高质量顾客。

1.4.3 “资金 + 人才”是引流推广不可或缺的资源

在微店中，“资金 + 人才”是引流推广不可或缺的资源。这里的“人才”指的是“分销商”，而“资金”自然是给予分销商的“佣金”。

在市场上经历摸爬滚打后，很多人都会逐渐认识到分销商的重要性，认识到分销商的价值，愿意通过更多的分销商将商品销售出去。这样不但可以为店铺节省大量引流推广成本，而且能借助分销商之力，快速打造店铺知名度。

店主要想获得巨大的成功，很关键的一点在于，要有实力较强的分销商作为合作伙伴。这些分销商所在行业的丰富销售经验，将直接决定店铺销售额的高低。同时，重金之下必有人才，要想获得一位好的分销商，店主必须设置有吸引力的佣金制度，这样才能吸引大量的分销商加入。通过与分销商合作，可以共同把店铺的引流推广做好。

很多人将分销商作为一个销售工具，但分销商的作用不仅只是简单的商品销售员。作为与顾客最贴近的人，分销商对顾客有深入的了解，店主应多从分销商那里获得好的经营建议。

对于店主来说，依靠分销商才能真正做好引流推广工作。不但要把分销商看作重要的战略合作伙伴，还要将其视为销售力的延伸，要努力达到店铺、分销商、顾客三赢的结果。

第2章

CHAPTER TWO

做好店铺设置，为引流推广作准备

家有梧桐树，才能引来金凤凰。要想达到引流推广的目的，吸引更多的顾客和流量，首先要把自己的店铺布置妥当，让店铺布置和装饰本身成为吸引顾客、留住顾客的重要黏力，助力微店引流推广工作。

2.1 突出店铺的五个技巧

在微店中，店铺形象同样重要。千篇一律的店铺形象，无法吸引顾客的眼球，为店铺聚拢人气。相反，如果店铺形象有吸引力和品牌调性，常常能够帮助店铺吸引到更多的顾客。

想要在众多店铺中脱颖而出，店主必须在微店的功能设置上做优化，掌握突出店铺的一些技巧，这样才能增加店铺的引流推广能力以及核心竞争力。

2.1.1 给店铺取个好名字

在现实生活中，很多刚开店的店主都忽略了店铺名称的重要性，没有将店铺名字放在心上，随便取了个名字就开张了。殊不知，一个好的店铺名称不仅能反映出店铺的经营特色，而且易于顾客识别，促使顾客产生购买欲望。

给店铺取个好名字，还能给人留下深刻的印象，使人过目不忘，给店主省去很多引流推广的工作。

如何给店铺取个好名字呢（见表 2–1）？

表 2–1 给店铺取个好名字

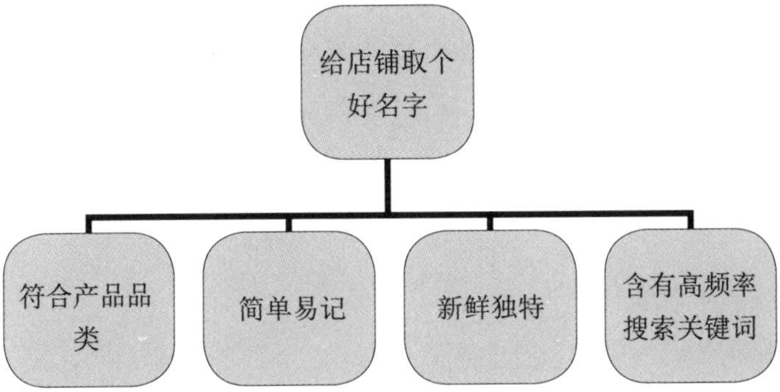

1. 符合产品品类

给店铺取名时，需要根据自己经营的产品品类来命名（见图 2–1），使顾客看到店名，就清楚地知道店铺主要售卖什么类型的产品。

图 2–1 符合产品品类的店名

比如图 2-1 中的“薇薇鲜花店”，顾客看一眼就知道这是一家经营鲜花的微店。店名与经营品类联系起来，这样不仅方便顾客有效识别，而且还能让顾客快速找到自己想要购买的商品，提高顾客与店铺达成交易的机会。

2. 简单易记

给微店取名字时，所起店名不能太复杂。要尽量避免使用一些生僻的汉字、符号或字母，因为这样很可能导致顾客看不懂店名，导致放弃进店浏览商品，同时也非常不易于记忆和传播。

所起店名最好简单明了，通俗易懂，且读起来琅琅上口。这样不仅易于传播，而且容易被顾客记住（见图 2-2）。

3. 新颖独特

给店铺取名字时，所起店名要新颖独特（见图 2-3），最好是让顾客初次看到，就能精神为之一振，从而加深对店铺的印象。

另外，店名要具有独特的个性，这样可以避免出现与其他店铺重名或混淆的可能，也方便顾客搜索。同时也能体现店铺独特的风格，使店铺在众多店铺中脱颖而出。

图 2-2 简单易记的店名

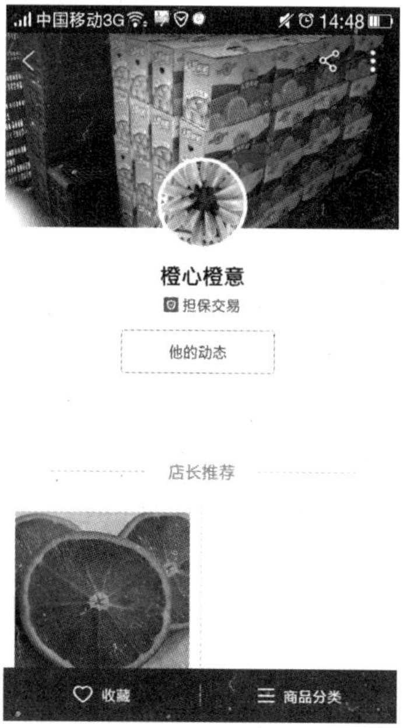

图 2-3 新颖独特的店名

4. 含有高频率搜索关键词

给店铺取名时，店主可以加入一些顾客搜索频率较高的关键词，比如时尚、童装等（见图 2-4）。这样不仅能够增加店铺被顾客搜索到的概率，还能增加店铺的关注度，提高店铺的客流量。

图 2-4 含有高频率搜索关键词的店名

以上是给微店取一个好店名的几个原则。了解了这些后，就知道如何给店铺取个好名字了。

总之，一个好的店名是微店成功经营的基础，也是吸引顾客进店的重要前提。关于这一点，店主一定要引起重视。

2.1.2 做好店铺头像设置

对于店主来说，店铺头像的设计很重要，因为它是店铺品牌的标志性表达，同时也能起到有效识别和引流推广的作用。

设计店铺头像时，可以与店名风格一致，也可以与主营商品有关，甚至可以与目标顾客群有关。

设计好店铺头像后，还需要设置店铺头像，那么具体如何操作呢？

首先，在微店首页中，点击“微店”，进入“微店管理”页面。如果店主想要设置或更换店铺的头像，需要点击微店图标（见图 2-5）。这时，在微店信息页面中，会看到微店头像，点击它就可以了（见图 2-6）。

图 2-5 点击微店图标

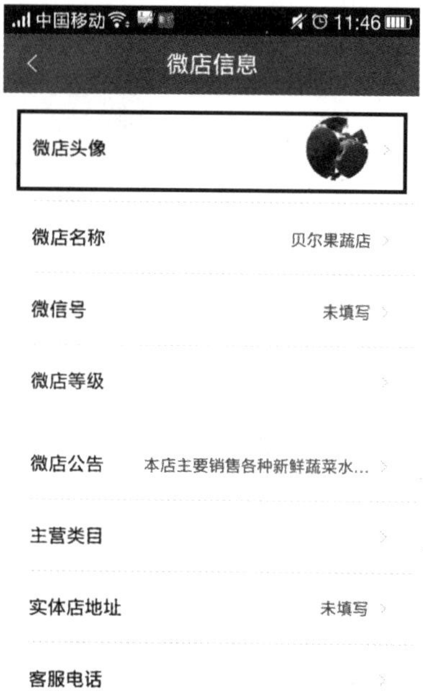

图 2-6 点击“微店头像”

进入“所有图片”页面后（见图 2-7），需要点击已保存的图片。在“修剪照片”页面中，需要对图片进行裁剪。裁剪图片之前，需要调整一下图片的裁剪区域（见图 2-8），再点击“√”。这时就完成了店铺头像设置（见图 2-9）。

以上是设置店铺头像的基本操作。掌握这些流程后，店主就能够顺利完成店铺头像的设置。

总之，一个好的店铺头像，不仅会给顾客留下好印象，还能激发顾客的购买欲望，从而促进店铺的销量。店主设置店铺头像之前，一定要调查研究，反复修改，设计出具有强大视觉冲击力的店铺头像。

图 2-7 “所有图片”页面

图 2-8 点击“√”

图 2-9 店铺头像已设置

2.1.3 在店铺公告上设置信息

店铺公告是顾客了解店铺的一个窗口，同时也是店铺的一个宣传窗口。店铺公告设计得好，同样可以起到引流推广的作用。

在店铺公告中，店主可以将品牌介绍、品牌宗旨、产品来源等信息传达给顾客。通过店铺公告，不仅可以让顾客快速了解你的店铺，同时也可以通过店铺公告宣店铺的商品，因此店铺公告设计也很重要。

当然，店铺公告并不是一成不变的。店铺搞促销活动，或者有新商品上架，都需要用到它，因此店主可以根据店铺的实际经营情况灵活变动。

那么，店主如何在店铺公告上设置信息呢？

首先，在微店首页中点击“微店”，进入“微店管理”页面。在这个页面中，店主需要点击店铺头像（见图 2-10）。在微店信息页面中，会看到很多店铺信息设置，比如微店头像、微店名称等。想要设置微店公告，点击“微店公告”就可以了（见图 2-11）。

图 2-10 点击店铺头像

图 2-11 点击“微店公告”

进入微店公告页面后（见图 2–12），需要在店铺公告中输入相关信息。公告信息输入完毕后（见图 2–13），点击右上角“完成”。

图 2–12 微店公告页面

图 2–13 输入公告信息

图 2–14 公告信息已设置

图 2–15 店铺公告

这时，在微店信息页面上，店主可以在微店公告上看到已设置好的公告信息（见图 2-14）。当顾客进入店铺，就会在微店首页中看到店铺公告的相关信息了（见图 2-15）。

以上是设置店铺公告的基本操作。了解这些流程后，店主随时都可以设置或更改店铺公告信息，使其发挥最大的引流价值。不过，设置店铺公告信息时，必须根据店铺的实际情况如实填写，这样才能获得顾客的信任。

2.1.4 做好微店店招背景设置

店招是店铺的招牌，处于店铺最显眼的位置。顾客进入店铺后，首先看到的就是店招。如果店主制作的店招能让顾客驻足留恋，多看几眼，那么就是一个比较成功的店招。

基于店招的重要性，设置店招背景时，店主一定要精心布局，明确店招要向顾客传递什么样的信息，同时要做到信息与美感共存。

一般来说，店招设计主要分为日常设计和大促设计。在进行日常设计时，店招的风格要与店铺整体风格保持一致，并将想要向顾客传达的信息设计

图 2-16 点击“微店”

图 2-17 点击“店铺装修”

到店招中，比如商品、店铺服务等。

进行大促设计时，可以根据促销主题来设计，比如节假日促销活动信息、限时促销信息等。店招设计好后，接下来需要设置店招背景。

具体如何操作呢？

打开微店 APP 应用软件，在微店首页点击“微店”（见图 2-16），进入“微店管理”页面。在该页面中，会看到很多功能设置，比如店长笔记、微信收款、店铺装修等。想要完成店招的设置，需要点击“店铺装修”（见图 2-17）。

在自定义装修页面中（见图 2-18），会看到店招上有白色字体“点击更换图片”字样，点击它就可以。

进入微店招牌页面后（见图 2-19），会看到两个选项，一种是“拍照”，另一种是“从手机相册选择”，具体可以根据自己的实际情况去选择。

如果店主手机中存有店招背景的图片，可以直接点击“从手机相册选择”。

图 2-18 自定义装修页面

图 2-19 点击“从手机相册选择”

在“所有图片”页面中（见图 2-20），会看到自己已保存的图片，点击它就可以。

进入“修剪照片”页面后，需要对图片进行裁剪。首先要调整一下图片的裁剪区域（见图 2-21），然后再点击“√”。

图 2-20 “所有图片”页面

图 2-21 调整图片的裁剪区域

这时就会在微店招牌页面上看到已裁剪的图片，点击右上角“完成”（见图 2-22），这样就完成了店招的设置（见图 2-23）。当顾客进入店铺，就可以在店铺首页中看到店主设置的店招了（见图 2-24）。

以上是设置店招的基本操作。掌握这些后，店主很快就能完成店招的设置了。店招设置好后，顾客进入店铺，通过店招就能知道店铺的经营范围，或者是店铺正在进行的促销活动。如果顾客有购物需求，就会选择在店铺中浏览。

2.1.5 按类别分类商品

在微店中，商品添加到一定数量后，如果店主不采取科学的管理，就

图 2-22 点击“完成”

图 2-23 店招已设置

图 2-24 店招

会让商品看起来杂乱无章，影响店铺的生意。

为了提高顾客的满意度，让顾客快速找到所需商品，店主可以按类型对商品进行分类。

那么，店主如何对商品进行分类呢？

首先，在微店首页页面中，点击绿色按键“商品管理”。进入“商品管理”页面后，在这个页面上，会看到店铺内所有的商品。

想要对这些商品进行分类，可以点击“分类”（见图 2-25），然后在“未分类”中可以了解到店铺内没有分类的商品数量。由于店铺还未建立分类名称，需要点击页面下方“新建分类”（见图 2-26）。

图 2-25 点击“分类”

图 2-26 点击“新建分类”

这时会出现一个“新建分类名称”界面，店主需要根据自营商品属性取一个名称。输入分类名称后（见图 2-27），点击“确定”，就建立好了分类名称（见图 2-28）。按照此操作方法，可以依次建立其他分类名称。

建立所有的分类名称后（见图 2-29），点击“出售中”，进入“出售中”页面。由于商品太多，如果店主一一进行分类，会花费太多时间和精力。

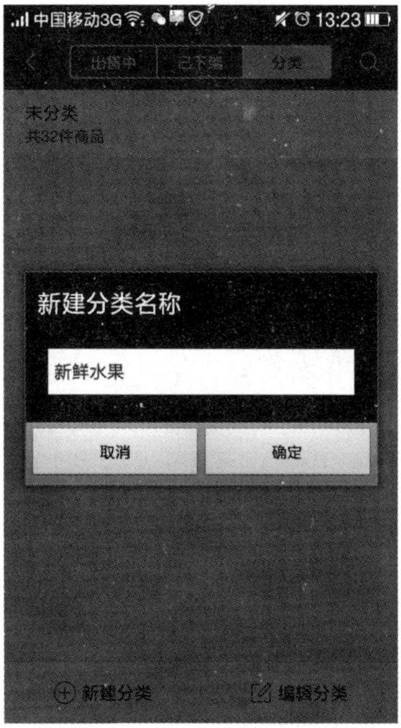

图 2-27 输入分类名称

图 2-28 分类名称已建立

图 2-29 所有分类名称已建立

图 2-30 点击“批量管理”

要想快速完成商品分类，可以点击页面下方的“批量管理”（见图 2–30）。

在“批量管理”页面中，需要勾选出同一类商品（见图 2–31），再点击页面下方的“分类至”。这时页面会弹出一个分类界面，在这个界面上，会看到已建立好的分类名称，然后需要根据所勾选商品的属性，选择合适的“分类名称”。

如果分类界面上有即将选择的分类名称，直接勾选就可以；如果没有，可以点击“新建分类”，再进行勾选。选定分类名称后（见图 2–32），可

图 2–31 勾选出同一类的商品

图 2–32 选定分类名称

以点击红色按键“确定”。

这样，店主在分类页面上就能看到所选商品已在该分类名称中（见图 2–33）。点击该分类名称，会在该分类名称页面上看到同一类型的所有商品（见图 2–34）。按照这个分类方法，可以将商品内的其他商品进行分类。

当所有商品都分好类后，将店铺或商品链接分享给顾客，顾客就能通过链接进入到店铺。想要寻找合适的商品，顾客可以点击店铺主页下方的“分类”（见图 2–35）。这时会弹出一个商品分类页面（见图 2–36），在这

图 2-33 商品已在分类名称中

图 2-34 分类名称下的所有商品

图 2-35 点击“分类”

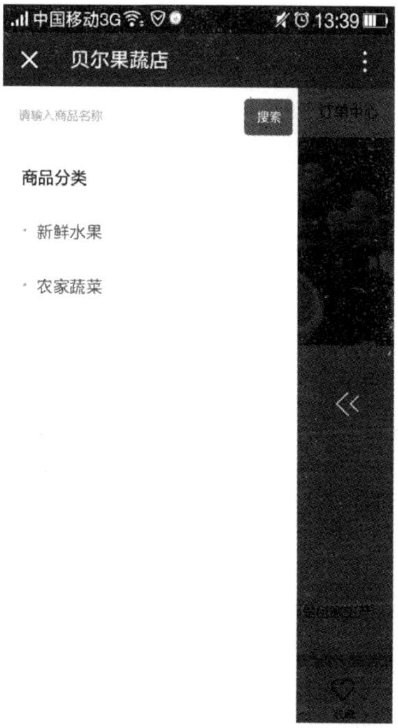

图 2-36 商品分类页面

个页面上，顾客能看到店主已设置好的商品分类名称。

根据自己的需求，顾客可以点击某一分类名称，直接进入到该商品分类名称页面中（见图 2-37），这样顾客就可以在这个页面上快速寻找到感兴趣的商品。

以上是按类别分类商品的基本操作。掌握这些流程后，店主很快就能将店铺内未分类的商品，按照一定类别完成分类工作。

对于店主来说，添加完商品，按类别分类商品，是店主必不可少的重要工作，因为商品分类是否科学规范，会直接影响顾客购物的满意度。因此店主必须做好商品分类工作，以便提高顾客的购物体验，进而提高店铺的点击量和销量。

图 2-37 商品分类名称页面

2.2 完善店铺其他设置

“工欲善其事，必先利其器。”店主想要做好引流推广工作，必须要先完善店铺其他功能设置。比如：运费设置、货到付款、退货保障，等等，这些都是微店为店主提供的功能设置。店主只有将这些功能设置做好了，才有可能打动顾客，使交易顺利完成。

2.2.1 运费设置

店铺开张后，店主最不能忽视的就是商品的运费。如果所有的商品都设置成一个价格，有些运送到偏远地区的商品显然运费就会过高，这样设置很不合理。

遇到这种情况应该怎么办呢？实际上，店主可以通过微店的“运费设置”，按照商品的数量来设置相应的运费。当然，特殊情况特殊对待，有些地区路途遥远，设置的运费自然要高一些。

那么，具体如何操作呢？

首先，在微店首页点击“微店”，进入“微店管理”页面。在该页面，会看到很多功能设置，比如店长笔记、店铺装修、运费设置等。

想要设置运费，可以直接点击“运费设置”（见图 2–38）。在运费设置页面中（见图 2–39），需要点击红色按键“修改运费”。

图 2–38 点击“运费设置”

图 2–39 “运费设置”页面

进入“修改运费”页面（见图 2–40），会看到“默认（除指定地区外）运费”和“添加指定地区运费”两种运费设置方式。它们都是按件来计算运费的，店主可以自由设置运费。设置完默认运费后（见图 2–41），如果店主想要添加指定地区运费，可以点击它。

这时页面会弹出一个指定地区运费编辑界面（见图 2–42）。在这个界面上，可以选择地区并设置相应运费。

首先点击“选择地区”。在“选择地区”页面中，会看到很多区域，分别是华东、华北、华中、华南、东北、西北、西南和港澳台八大区域。这些区域都包括一些省份，店主可以根据自己的实际情况，从众多区域内选中一个或两个以上的省份，或者是直接选中一个或两个以上的区域，就可以一键将该区域内的所有省份选中。选中地区后（见图 2–43），可以点击右上角的“完成”。

图 2-40 “修改运费”页面

图 2-41 默认运费已设置

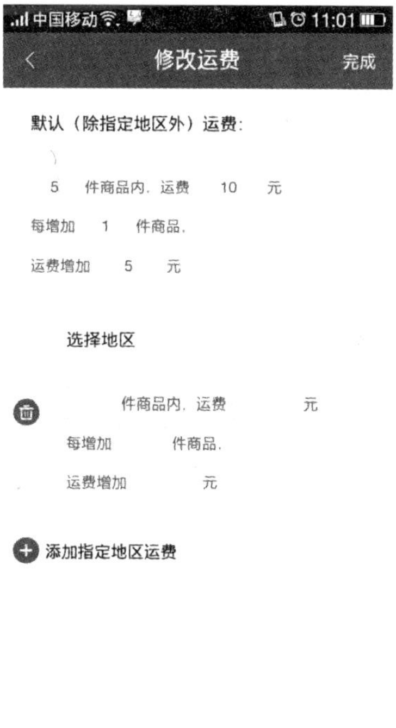

图 2-42 指定地区运费编辑界面

图 2-43 选中地区

这时，在指定地区运费编辑界面，就会显示已选中的指定地区（见图2-44），这说明店主已选择好指定地区。接下来，店主需要设置指定地区的运费。设置完指定地区的运费后（见图2-45），可以点击右上角的“完成”。

当然，如果店主还想设置其他指定地区的运费，也可以按照这样的方法去设置。

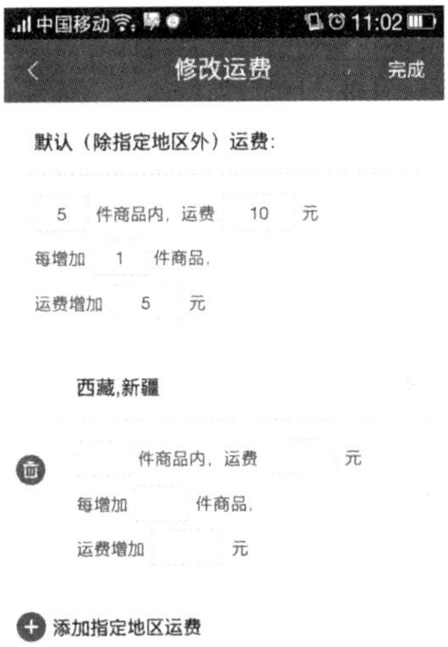

图2-44 已选择指定地区

图2-45 指定地区的运费已设置

这时店主就设置好了运费（见图2-46）。当顾客为自己喜欢的商品付款时，如果填写的地址是店主指定区域的省份，那么顾客就要支付指定区域的运费（见图2-47）。

以上就是运费设置的基本操作。掌握这些流程后，店主就能根据实际情况自由设置运费了。运费设置好后，顾客付款时，就要按照店主设置好的运费标准支付相应的运费。

总之，店主设置的运费一定要合理，避免顾客因运费太高而放弃购买，以免失去引流推广的真正意义。

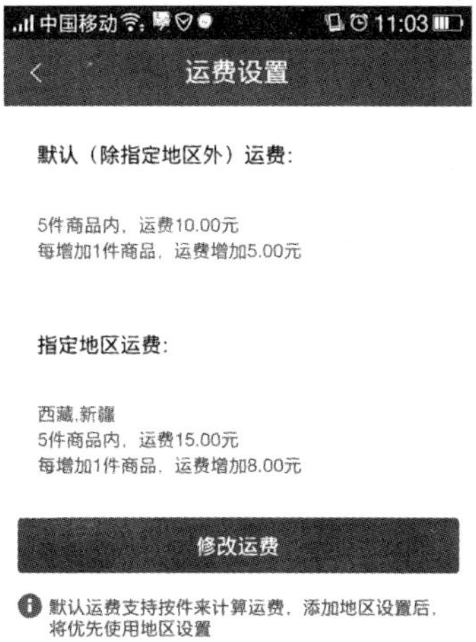

图 2-46 运费已设置

图 2-47 支付指定区域的运费

2.2.2 开通货到付款

如今很多微店都开通了货到付款功能，这样做的好处是可以打消顾客心中的顾虑，促进顾客快速交易。

那么，店主如何开通货到付款服务呢？

在“微店管理”页面点击“货到付款”（见图 2-48），进入“货到付款”页面（见图 2-49）。在这个页面上，可以看到有关货到付款的相关内容。阅读完这些内容后，想要开通货到付款，需要向右移动“货到付款”的按钮。

这时货到付款的按钮就会由灰色变成绿色，说明店主已成功开通货到付款功能（见图 2-50）。开通货到付款后，如果顾客选择货到付款，店主需要自己联系快递公司，让快递公司代收货款。快递公司一般会收取一定比率的代收费，这个费用最终由谁来承担，店主需要作出决定。

如果店主想要让顾客支付货到付款的服务费，需要设置“货到付款服务费”比率，在页面中直接点击它。在货到付款服务费比率页面中（见图 2-51），店主可以自行设置货到付款的服务费比率，选中相应的比率即可。

图2-48 点击“货到付款”

图2-49 “货到付款”页面

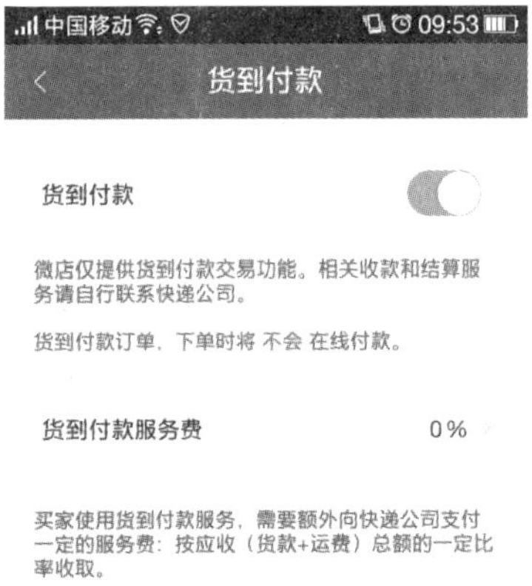

图2-50 货到付款已开通

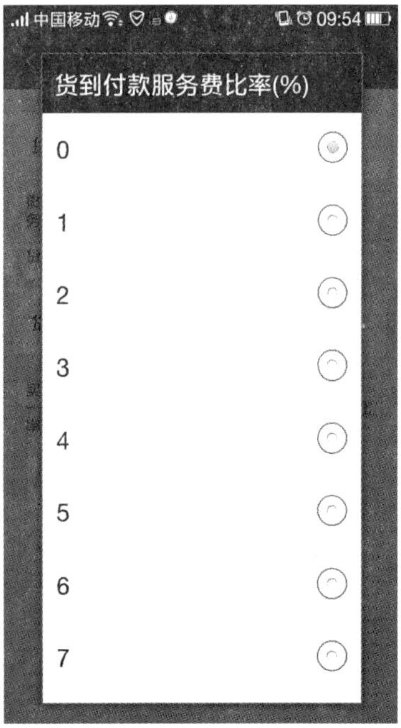

图2-51 货到付款服务费比率页面

选定货到付款服务费比率后，就完成了货到付款的设置（见图2-52）。当顾客使用货到付款服务时（见图2-53），需要额外向快递公司支付一定的服务费，按照总额的一定比例收取。

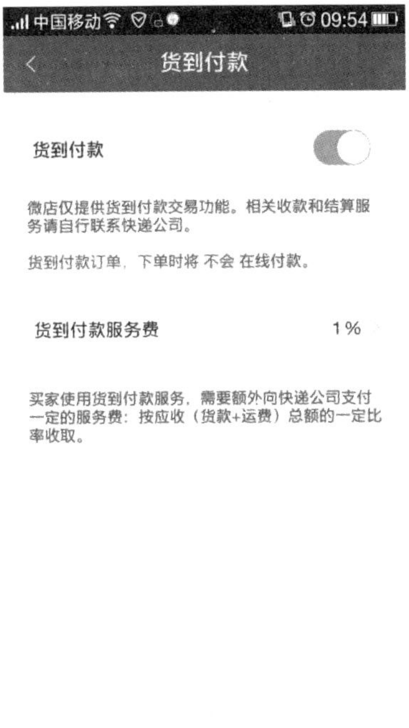

图2-52 货到付款的设置

图2-53 顾客使用货到付款服务

以上是设置货到付款的基本操作。掌握这些流程后，店主就知道了如何开通货到付款服务，并设置相应的货到付款服务费。开通货到付款后，顾客无需在线付款就能提交订单。当然，如果店主想关闭货到付款服务，随时都可以选择关闭。

2.2.3 开通退货保障

为了争夺客源，打消顾客心中的顾虑，几乎所有店主都会选择开通退货保障，因为这是获取顾客信任的一张“王牌”。当然，店主想要开通退货保障服务，必须要掌握它的基本操作，具体如下。

在“微店管理”页面点击“退货保障”（见图2-54）。进入“退货保障”页面后（见图2-55），在这个页面上会看到有关退货保障的说明。阅

图2-54 点击“退货保障”

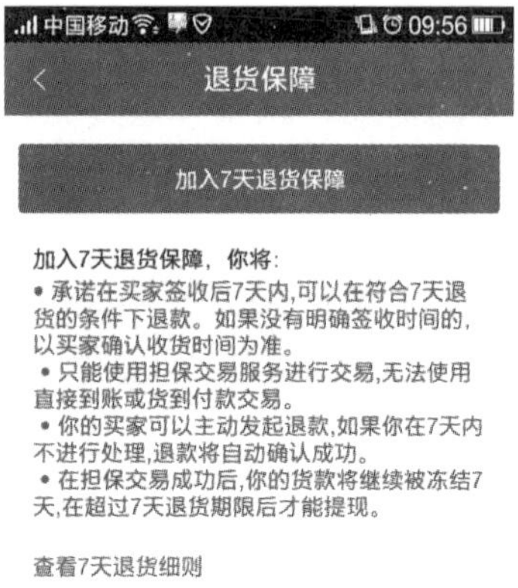

图 2-55 退货保障页面

读完这些内容后，如果店主想了解 7 天退货保障服务，可以点击蓝色字体“查看 7 天退货细则”。

在 7 天退货保障服务详细细则页面中，能看到相关的规则说明（见图 2-56）。阅读完这些内容后，就可以返回到退货保障页面，点击红色按键“加入 7 天退货保障”。这时页面会弹出一段提示：“开通后，将无法支持货到付款”（见图 2-57）。店主确认加入，可以点击“确认”。

这时页面会显示红色字体“你已加入 7 天退货服务”（见图 2-58），说明店主已成功开通 7 天退货保障服务。当然，店主也可以根据自己的需要，选择关闭 7 天退货保障服务，点击“退出 7 天退货保障”就可以。不过，需要注意的是，开通期间产生的订单，在关闭服务后，仍需按照 7 天退货服务规则处理。

以上是开通退货保障服务的基本操作。掌握这些流程后，店主就能快速开通退货保障服务。一旦开通了退货保障服务，店主必须按照严格的标准提供这项服务，以提高顾客的满意度。当然，如果店主想取消这一服务，随时都可以取消。

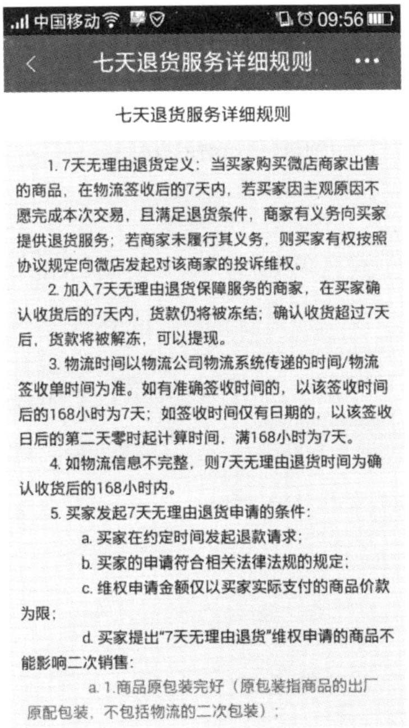

图 2-56　7 天退货服务详细细则页面

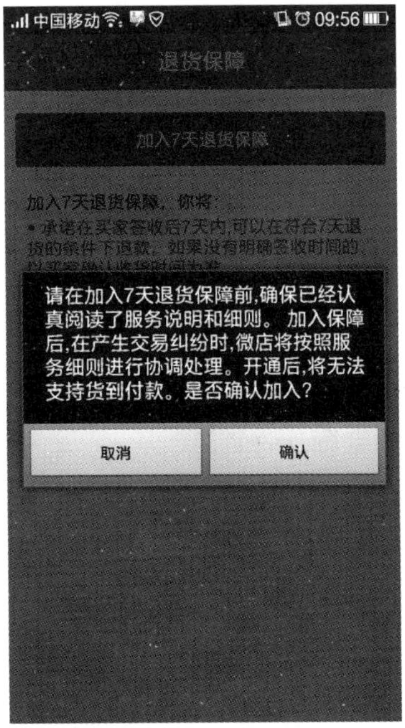

图 2-57　提示信息

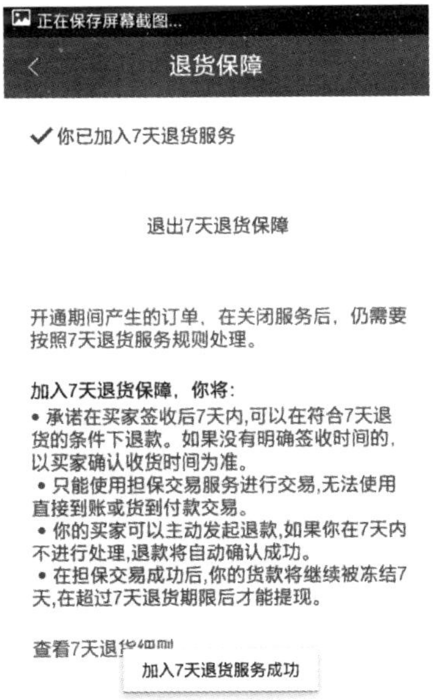

图 2-58　成功开通退货保障服务

2.2.4 开通担保交易

担保交易是指微店平台替买卖双方暂时保管货款，直至买家确认收货的安全交易服务。开通担保交易后，会在现有的“直接到账”付款方式基础上，新增“担保交易”付款方式。

以“担保交易”完成付款的订单，货款会在顾客确认收货后的次日自动转至店主已绑定的银行卡。如果店主发货后 7 个自然日内顾客没有确认收货，且没有提出退款申请或投诉，微店平台会在 7 个自然日截止时，自动帮顾客确认收货。

对于顾客来说，进入店铺，看到店铺设有担保交易，可以更加放心地购买商品，因此也可以起到促进交易的目的。

那么，店主如何开通担保交易呢？

在“微店管理”页面点击“担保交易”（见图 2–59）。进入“担保交易”页面后（见图 2–60），会看到有关担保交易的说明。阅读完这些内容后，还需要仔细阅读《微店担包交易服务约定》，点击它就可以。

图2–59 点击“担保交易”

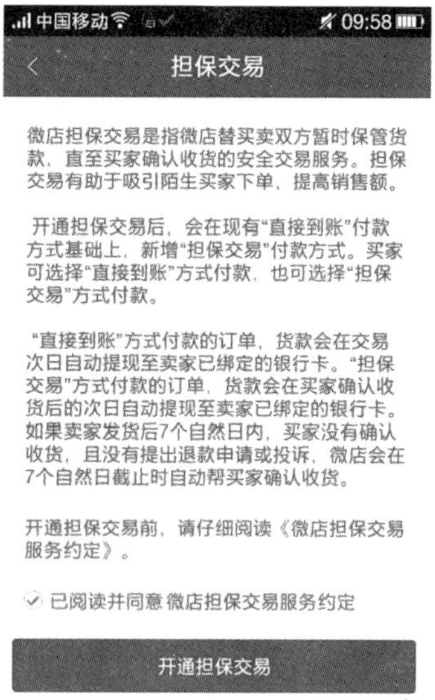

图 2–60 “担保交易”页面

进入“微店担保交易服务约定”页面后(见图2-61)，就能看到相关内容。阅读完这些内容后，可以返回担保交易页面，点击红色按键“开通担保交易”。这时页面会出现一段提示：“开通担保交易后，需要联系客服，才能帮您取消担保交易设置”。店主确认开通，可以直接点击“是”（见图2-62）。

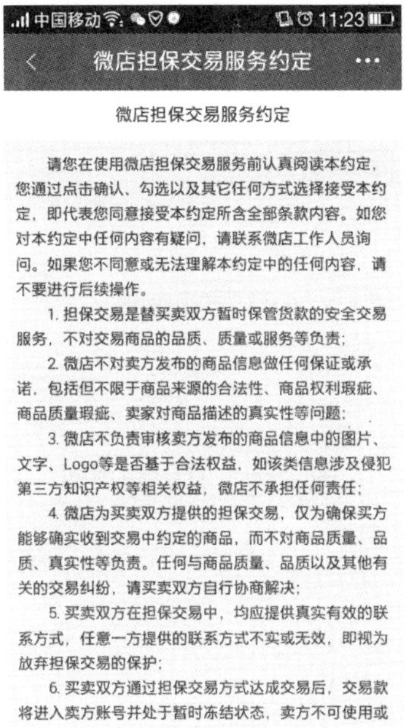

图2-61 “微店担保交易服务约定”页面

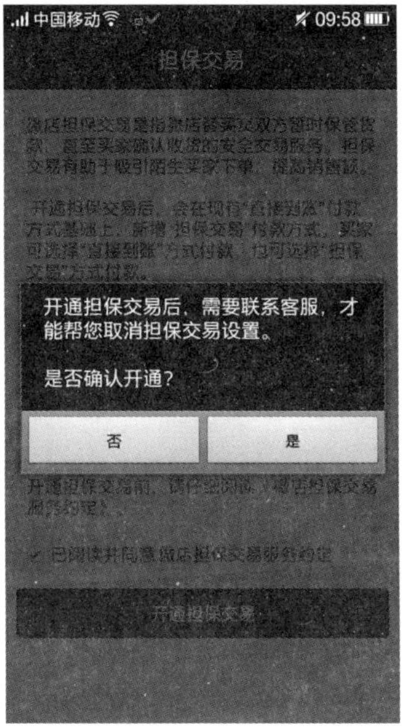

图2-62 点击“是”

这时页面会显示“你已开通担保交易”，说明已成功开通担保交易服务（见图2-63）。开通担保交易后，顾客进入店铺，就能在店铺首页（见图2-64）看到已经开通担保交易服务的标志。

以上是开通担保交易的基本操作。这些操作比较简单，店主很容易就能学会。开通担保交易后，顾客就可以选择这一支付方式。顾客收到货物后，需要确认收货，店主才能收到货款。如果店主以后想取消此服务，需要与微店客服取得联系。因此店主开通此服务之前，需要考虑清楚。

2.2.5 开通直接到账

对于店主来说，想要让货款快速到账，可以开通“直接到账”。开通“直

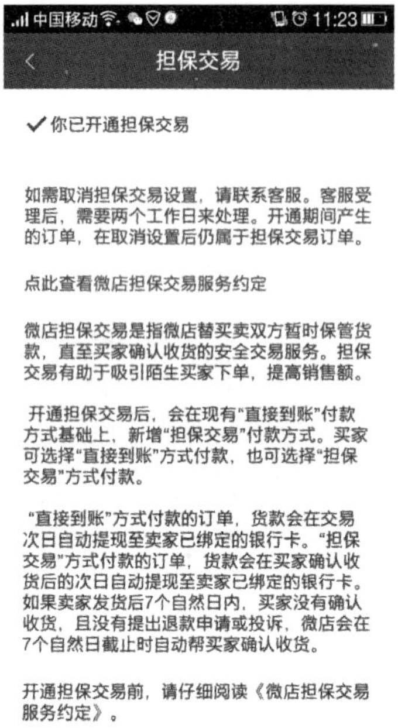

图 2-63 成功开通担保交易服务

图 2-64 店铺首页面

接到账”服务后，顾客付款时，如果选择了这一支付方式，那么货款就不经微店平台担保，直接进入到店主账户。一般来说，在顾客对店主没有足够信任的情况下，大多不会轻易选择这一支付方式。

那么，店主如何开通“直接到账”呢？

在“微店管理”页面点击“直接到账”（见图 2-65）。进入“直接到账”页面后（见图 2-66），会看到直接到账的有关说明。阅读完这些内容后，店主就会知道，想要开通“直接到账”，必须完成“实名认证”和“证件认证”。如果店主已经绑定银行卡，那么实际上已经完成了实名认证（见图 2-67）。可以在微店管理页面查看这一设置。

如果没有开通证件认证，向右移动“直接到账”按钮，页面会弹出一个提示“开通直接到账，需通过证件认证”。店主想要开通直接到账服务，要先进行证件认证，因此需要点击“去认证”（见图 2-68）。

在“证件认证”页面中（见图 2-69），店主会看到证件认证的说明。阅读相关内容后，需要提交与实名认证一致的证件照片，包括身份证正面照、身份证反面照和手持身份证照。首先，店主需要提交身份证正面照，点击它就可以。

图 2-65 点击“直接到账”

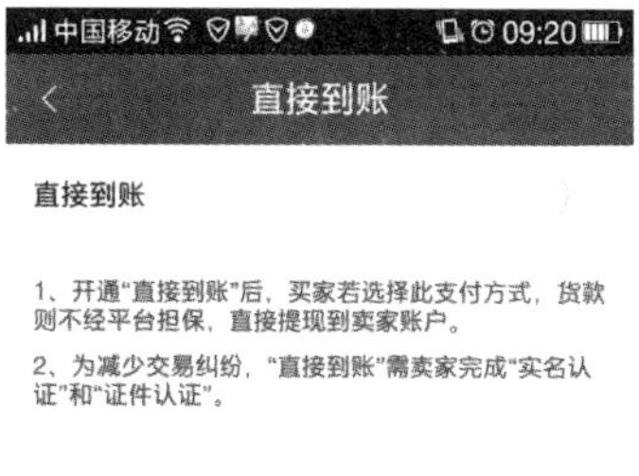

图 2-66 直接到账页面

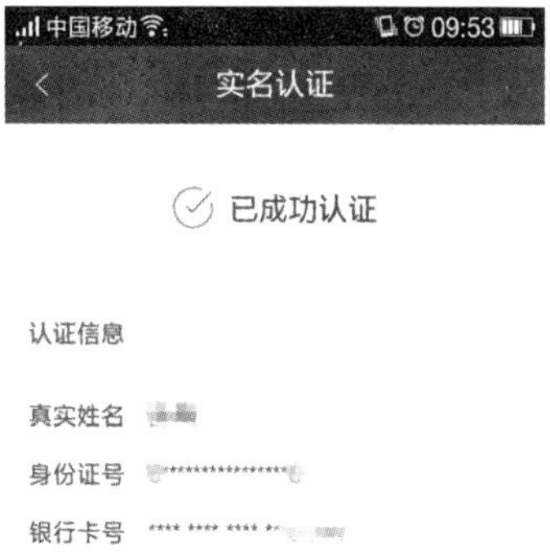

图 2-67 实名认证

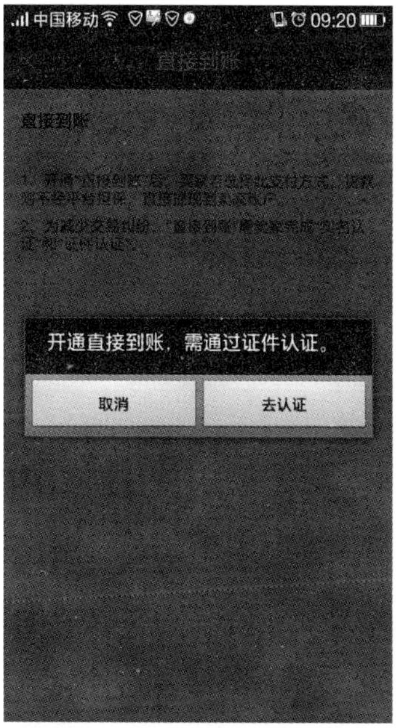

图 2-68 点击“去认证”

图 2-69 “证件认证”页面

这时页面会显示身份证正面照的示例图以及相关说明。店主可以选择现场拍照，也可以直接从手机相册选择。如果店主手机中存有自己的身份证正面照，直接点击“从手机相册选择”（见图 2–70）。进入“所有图片”页面后，需要从众多图片中选中需要上传的身份证正面照（见图 2–71）。

在修剪照片页面中，需要选择照片的裁剪区域。调整完照片的裁剪区域后（见图 2–72），点击“√”就可以。这时在证件认证页面上就会显示“身份证正面照”，说明店主已完成照片的上传（见图 2–73）。接下来，店主需要上传自己的“身份证反面照”，点击它就可以。

这时页面会显示身份证反面照的示例图及相关说明。与上传“身份证正面照”一样，店主可以选择“拍照”或“从手机相册选择”。如果选择的是“从手机相册选择”（见图 2–74），选中“身份证反面照”后，就会进入“裁剪照片”页面。在这个页面上，调整好照片的裁剪区域后（见图 2–75），可以点击“√”。

这时在证件认证页面上，会显示“身份证反面照”，说明店主已完成照片的上传（见图 2–76）。接下来还需要上传自己的“手持身份证照”，点击它就可以。

图 2-70 点击“从手机相册选择”

图 2-71 选中需要上传的身份证正面照

图 2-72 照片裁剪区域已调整

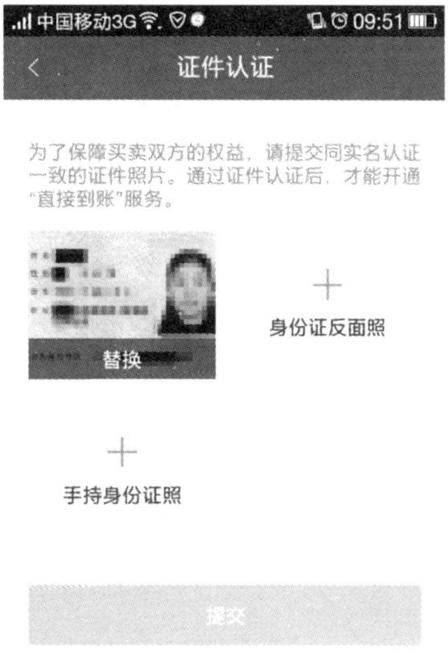

图 2-73 已上传“身份证正面照”

图 2-74 选择“从手机相册选择”

图 2-75 调整照片的裁剪区域

图2-76 已上传“身份证反面照”

这时页面会显示手持身份证照的示例图及相关说明。与上传“身份证正面照”一样，店主可以选择“拍照”或“从手机相册选择”（见图 2–77）。选中“身份证反面照”后，进入修剪照片页面，需要调整照片的裁剪区域（见图 2–78）并点击“√”。

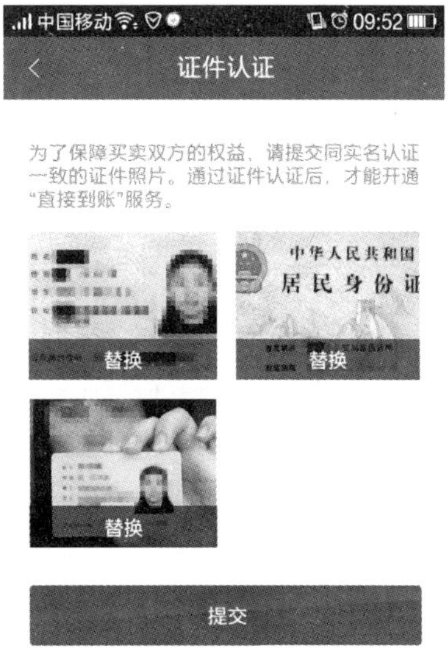

图 2–77 选择“拍照”或“从手机相册选择”　图 2–78 调整照片的裁剪区域

这时在证件认证页面上，会显示“手持身份证照”。至此，店主就完成了所有证件照片的上传工作。这时点击红色按键“提交”（见图 2–79），然后在证件认证页面上，会看到“证件认证审核中”（见图 2–80）。这表明审核资料已经提交，店主需要耐心等待 7 个工作日。7 个工作日后，微店平台会通知店主审核结果。

以上是开通“直接到账”的基本操作。不难看出，店主想要开通“直接到账”，必须要经过认证，并经微店平台审核通过，才能开通“直接到账”。如果审核不通过，还需要继续认证。

为了增加审核通过率，在认证过程中，店主必须严格按照微店平台的要求提供资料，以免审核通不过再次进行认证。

图 2-79 点击“提交”

图 2-80 证件认证审核中

2.2.6 设置自动确认收货时间

店铺开通担保交易后，如果顾客付款时选择了担保交易这一支付方式，收到货物后，需要顾客确认收货，店主才能收到货款。并非所有顾客收到货物后，都能及时确认收货。为了避免顾客忘记确认收货而无法及时收到货款，店主可以设置自动确认收货时间，这样即使顾客忘记确认收货，超过确认收货期限，店主也能收到货款。

那么，该如何设置确认收货时间呢？

在“微店管理”页面点击“自动确认收货时间”（见图 2-81）。在自动确认收货时间页面中（见图 2-82），会看到微店平台默认的自动确认收货时间，即“7 天”。如果店主想要修改自动确认收货的时间，可以根据实际情况，从众多自动确认收货时间中选择其中一个，直接点击它就可以。

然后页面会弹出一个提示信息“自动确认收货时间 7 天内只能修改一次”（见图 2-83）。如果店主确认修改，可以点击“确认”。这时，在“微店管理”页面上，就会看到已修改的自动确认收货时间了（见图 2-84）。

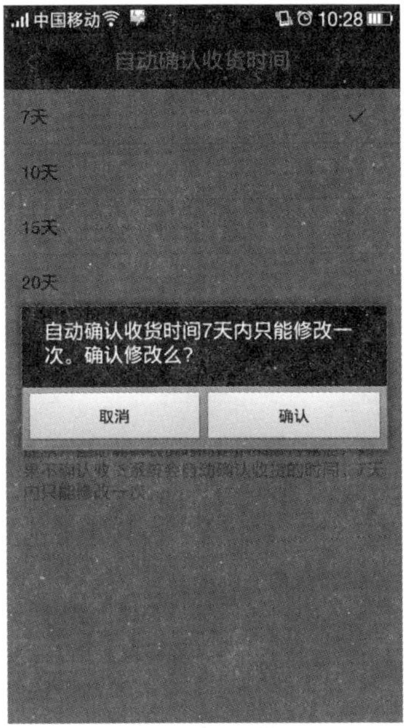

图 2-81 点击“自动确认收货时间”

图 2-82 自动确认收货时间页面

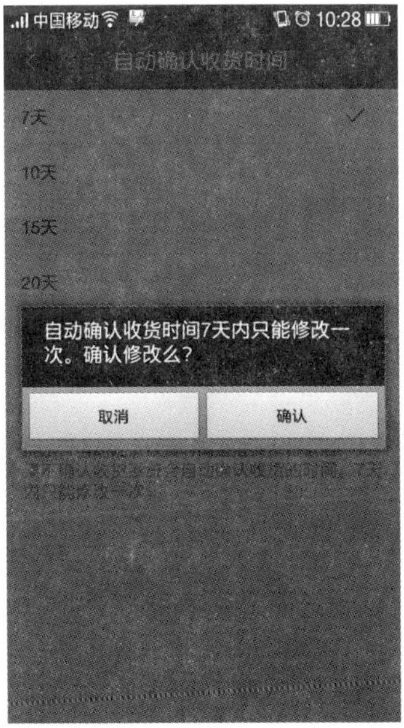

图 2-83 提示信息

图 2-84 已修改的自动确认收货时间

以上是设置“自动确认收货时间”的基本操作。掌握这些后，店主就知道如何设置“自动确认收货时间”了。设置“自动确认收货时间”时，需要注意的是，时间不能设置得过长，以免货款长时间不能到账，出现资金周转不过来的难题。

第3章

CHAPTER THREE

软文营销，给店铺带来上万流量

软文营销是一个不错的引流方法，它能起到引起他人注意的作用。

通常来讲，软文必须要小而精。同时，店主要善于利用社会热点来抓住顾客眼球，比如重大节假日、热门话题、突发事件等，结合产品的特性撰写创意软文。

如果你的文字幽默、诙谐，或者有独到见解，一定会引起他人转发。这样会大大增加店铺的曝光率，为店铺带来大量流量。

3.1

掌握微店平台投稿的技巧

店主想要吸引更多的潜在顾客进店浏览或购买商品，或者发展成为自己的分销商，可以向微店公众号投稿，让更多的人了解自己，知道自己的微店。不过，店主需要掌握一些微店平台约稿的技巧，才能顺利通过微店平台的审核，让自己的稿件得以曝光。

3.1.1 了解投稿方式

如果店主是一位软文营销高手，可以向微店平台投稿，借助微店平台曝光自己的店铺，为自己带来大量的流量。首先，店主需要添加微店公众号（见图 3–1），并在其主页面上点击“投稿”（见图 3–2），了解一下投稿的方式。

在微店公众号页面中，会弹出一篇文章——一个大写的“约稿”（见图 3–3），点击“查看全文”。在这个页面中，店主第一眼就能看到“投稿方式”的相关内容（见图 3–4）。

一般来说，店主投稿的方式有两种：一种是将稿件发送至微店的联系邮箱：wxtougao@weidian.com，另一种则是直接在微店公众号对话框中发送给小微。不过这两种方式都必须在标题中带上暗号“投稿”。

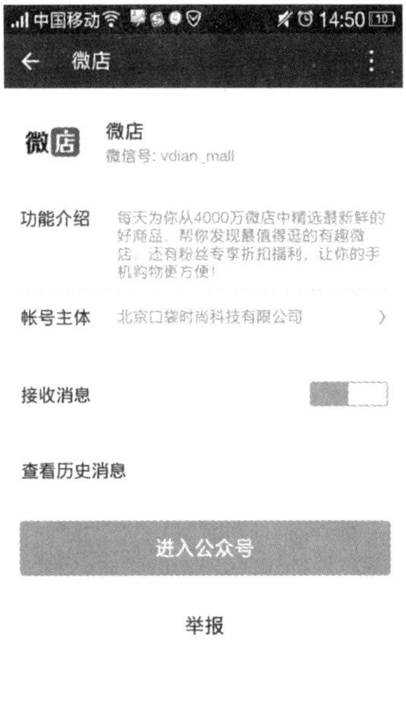

图 3-1 添加微店公众号

图 3-2 点击“投稿”

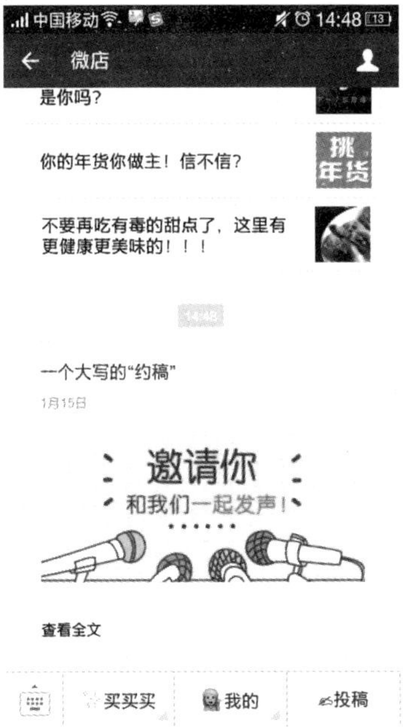

图 3-3 一个大写的“约稿”

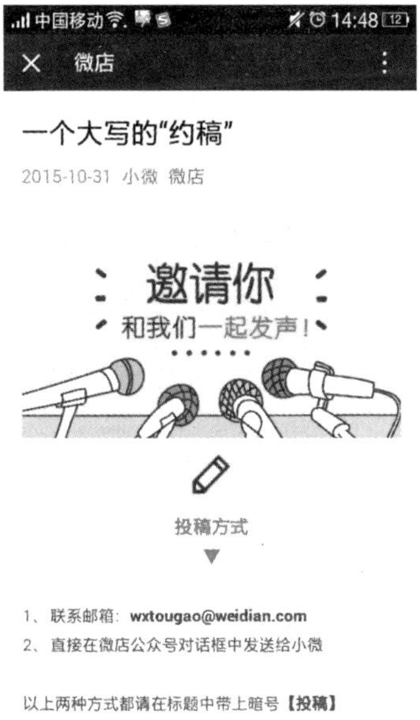

图 3-4 投稿方式

了解了投稿的方式后，就可以根据自己的实际情况，选择适合自己的投稿方式。投稿完成后，一旦微店平台审核通过，就成功完成了投稿，自己的稿件也会在微店平台或其他平台中展示。这样会增加自己以及店铺的曝光机会，让更多的人知道自己。

3.1.2 内容符合约稿条件

了解了投稿方式后，还需要了解投稿的条件，也就是微店平台需要哪些题材的作品，对稿件有什么要求等。店主需要根据微店平台的要求去写文案，这样可以增加投稿成功的概率，争取一次性通过，达到事半功倍的效果，而不是白忙一场。

在微店平台的“一个大写的约稿”页面中，可以清楚地知道微店平台的约稿条件（见图 3-5）。一般来说，向微店平台投稿，必须要满足以下五个条件。

1. 店主的作品必须是原创，这是投稿条件中的第一个要求。

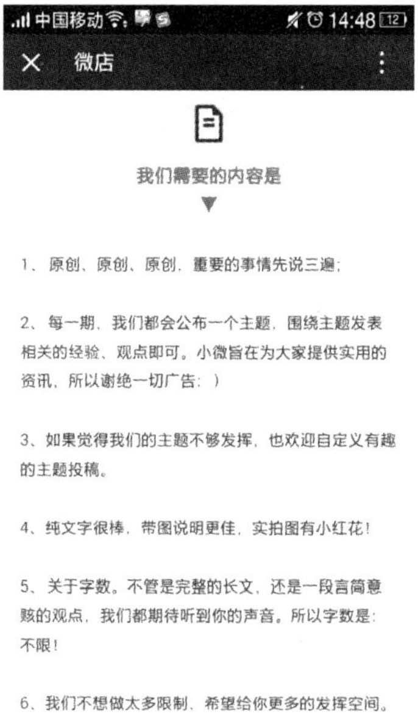

图 3-5 约稿条件

2. 微店平台每一期都会公布一个主题（见图 3-6），店主需要围绕主题发表相关的经验和观点。另外，微店平台拒绝一切广告，店主必须提供比较实用的资讯。

3. 店主如果觉得微店平台限定的主题不够发挥，也可以自定义有趣的主题进行投稿。

4. 店主的稿件可以是纯文字的，也可以带图说明，如果店主能够提供实拍图就更好了。

5. 微店平台对于稿件的字数没有限制，店主可以写一段言简意赅的观点，也可以写一篇完整的长文。

如果店主有各种“买买买”的经验，或者有旅游、美食、美妆等有意思的内容或观点，都可以将这些经验分享给大家（见图 3-7）。

如果店主投稿成功，相应的文章就会在微店公众号中展示，而且会署上自己的名字。原创完整长文的店主有机会得到单独介绍，甚至可以在稿

图 3-7 美食经验

图 3-6 主题

件的后面链接微店（见图 3–8），顾客可以通过“阅读全文”，浏览或购买相应的商品。

除此之外，店主的文章还有机会在微店旗下的其他渠道进行转载、曝光。因此，给微店投稿是一个不错的微店引流方式，值得大家一试。

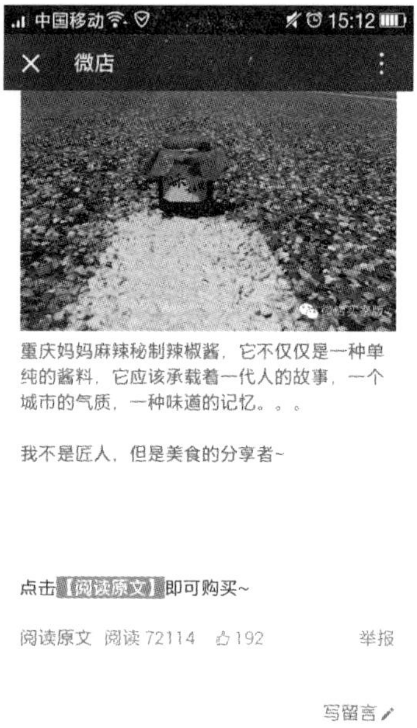

图 3–8 已通过审核的稿件

3.2

怎么写宝贝详情，激发顾客点击欲望

在微店中，宝贝详情是最容易与顾客产生交集和共鸣的页面，其内容的好坏会对顾客的购买行为产生最直接的影响。

在保证页面美观、实用的基础上，店主要写好宝贝详情，将想要表达的信息尽可能用直观的文字或图片展示出来，激发顾客购买欲望的同时，也能让顾客对商品有个全面的了解，增加商品对顾客的吸引力。

3.2.1 突出产品卖点

在微店中，每上架一款商品，店主都需要给自己的商品归纳卖点，并整理成文字，放在宝贝详情中（见图 3-9）。这是每个店主必不可少的一项重要工作。

由于店主不可能与顾客面对面地交流，说服顾客购买商品，因此只能利用宝贝详情来说服顾客。具体来讲，可以在宝贝详情中突出产品卖点，以此来打动顾客。

谈到商品卖点，很多店主都会给商品找出几十个卖点。其实，商品卖点无需找出这么多，即使你真的都列上了，顾客也未必对这些都感兴趣，

图 3-9 宝贝详情

更何况顾客根本没有耐心看完。其实店主只需列出顾客感兴趣的几个产品卖点就可以了，这样就能达到立即吸引顾客的效果。

具体如何做呢？在确定商品卖点之前，可以先仔细分析顾客最关注商品的哪些方面，理出这些内容，店主就很容易找到商品卖点了。

比如，店主售卖的是家居商品，那么顾客一般最关心家居商品的风格、设计、颜色、材质、工艺、品牌、功能、配件……这些都是顾客对家具从外到内最关心的地方，了解这个顺序，就可以分别进行深入剖析了。

总之，商品卖点就是一个让顾客购买的理由。如果它不能解决顾客的需求问题，就不能将其归为商品的卖点。相反，不管商品卖点是什么，只要能被顾客接受、认同，就能达到使产品畅销和树立品牌的目的。

3.2.2 找到引发共鸣的话题

“道不同，不相为谋。”人际交往如此，微店的宝贝详情亦如此。宝贝详情实际上就是店主与顾客进行沟通的一个窗口，只不过店主是通过文字或者图文的形式与顾客进行互动，告诉顾客商品的具体情况。

想要引起顾客的注意，店主必须找到能引发共鸣的话题，这样才能让顾客对商品产生兴趣，从而达到促进顾客购买的目的。

通常来说，顾客进入商品描述页后，首先看到的是主标题中的话题。如果话题足够吸引人，致使顾客产生共鸣，顾客就会选择留在此页面，继续了解商品。因此，在主标题上，店主可以提炼出商品卖点，并在主标题下面加入一个浓缩的副标题，用简短的话语诠释商品，即让顾客感兴趣的话题。

想要找到引发共鸣的话题，首先要了解产品的卖点是什么，研究目标顾客群对什么样的商品卖点感兴趣。找到利益点，在价值层面上与顾客形成共鸣，就能促使顾客产生购买行为。

3.2.3 图文布局，让顾客全方位了解商品

在微店中，宝贝详情的好坏会影响顾客购买转化率。宝贝详情不是插图漫画，顾客往往喜欢比较干净的图片。但仅仅展示宝贝图片，会显得很冰冷，并且表现力也不够，因为图片的可读性较差。如果通篇全是文字，又会显得比较干巴枯燥，可信度较差。

图 3-10 图文布局

为了达到平衡，店主可以采用图文布局的方式（见图 3–10）。这种方式不仅可以增加图片的可读性，而且可以增加商品的可信度，让顾客对商品有个全方位的了解，给顾客带来良好的购物体验。

实际上，在撰写商品亮点介绍或商品属性细节文字描述时，就可以采用图文结合的形式，将商品完美地展示给顾客。这样不仅方便顾客了解商品，而且容易引起共鸣。

不过，在撰写商品亮点时，应注意分开撰写亮点介绍，并安排好顺序，比如从上至下或由内而外等。同时，每插入一张图片，都可以对这个图片搭配文字说明，这样就增加了图片的可读性。

3.2.4 详细说明材质

对商品本身的功能挖掘完毕后，还可以对商品的材质进行挖掘并展示。因为同款商品的材质不同，其价格、质量也是不一样的。

为了取得顾客的信任，店主可以在宝贝详情中详细说明商品的材质。比如店主售卖的是韩式纯手工泡菜，可以在宝贝详情中写出这种泡菜使用了那些材料，如葱、姜、蒜、辣椒等，并说明这些原材料产自哪些地方，如自家种植，没有任何污染。这些内容可以以文图结合的方式展示给顾客（见图 3–11），以便让顾客知道自己的商品在哪些方面优于其他店铺的同款商品。

在宝贝详情中，店主要想让顾客接受商品的价格，可以对其中的材质进行全面诠释。这样顾客在货比三家时，就能通过商品材质对比，知道哪家店铺的商品真正是高性价比的。可以说，这也是促进顾客购买的一种方式。

3.2.5 添加工艺说明

在宝贝详情中，除了详细说明材质，还可以添加工艺说明。比如，店主介绍的是风味萝卜干的宝贝详情，可以将产品的制作方法，以图文结合的方式一一展示给顾客。这样就能让顾客知道它与其他产品相比有哪些独特的地方（见图 3–12）。通过工艺说明，可以让顾客对商品有更深入的了解，增加顾客对商品的印象、信任与认可。

图 3-11 商品材质

图 3-12 工艺说明

添加工艺说明时，店主需要根据自己的商品特点来撰写。比如店主售卖的衣服，可以重点说明衣物的花纹制作方法；店主售卖的是食品，可以将食品的制作过程或方法以图文结合的方式展示给顾客。这样可以使顾客感觉物有所值，下单自然就是水到渠成的事情。

3.2.6 宝贝详情的设置

了解了宝贝详情的编辑技巧后，就可以设计商品的宝贝详情了。实际上，宝贝详情的设置就如同添加或编辑商品，都是同一种操作方法，只不过在具体操作时，店主的侧重点不一样而已。

那么，在微店中如何设置宝贝详情呢？

首先，登录到自己的微店，在微店首页点击绿色按键“商品”（见图 3-13），进入“商品管理”页面。如果店主已添加了商品，想重新设置宝贝详情，可以点击某一个商品进行编辑。如果想要设置新的宝贝详情，则需要先添加商品，再设置宝贝详情，这时需要点击页面下方的“添加新商品”（见图 3-14）。

图 3-13 点击“商品”

图3-14 点击“添加新商品”

在“添加商品”页面中，需要点击商品图片下方的虚框（见图 3-15），进入“选择图片”页面。进入“选择图片”页面后，在这个页面中，需要从众多图片中选择需要上架的商品图片。

需要注意的是，选择的第一张图片一般设置为主图，它是顾客在宝贝详情中第一眼看到的图片，选择的其他图片都会自动排版为商品详情图。因而店主需要按顺序选择图片，图片最多可以选择 15 张。

选中图片后（见图 3-16），可以点击页面下方的“完成”。当然，也可以选择“相机拍照”或“扫条形码”来获取所需图片。

进入“添加商品”页面后，就能看到已添加好的商品图片了（见图 3-17）。这时店主可以看到页面上有个提示“点击图片可添加特效和描述”。由于第一张图片为主图，下方专门有商品描述，因而店主想要对图片添加特效和描述，可以从第二张图片开始。

点击图片，这时图片页面下方会显示“图片特效”和“图片描述”两个选项（见图 3-18），店主可以根据实际情况来选择。

一般来说，如果图片已有文字描述，可以忽略此项。如果上传的图片

图 3-15 点击商品图片下的虚框

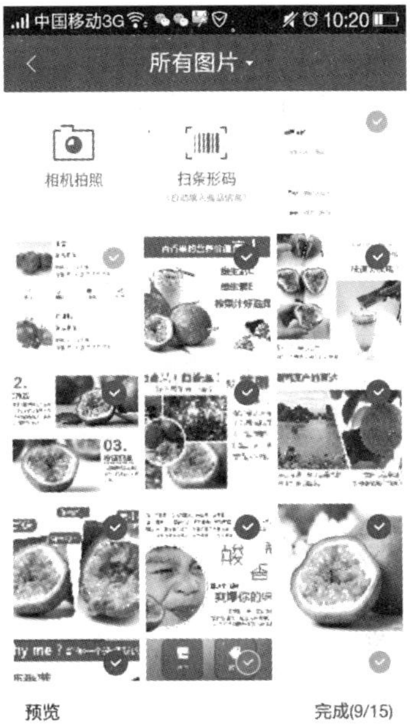

图 3-16 选中图片

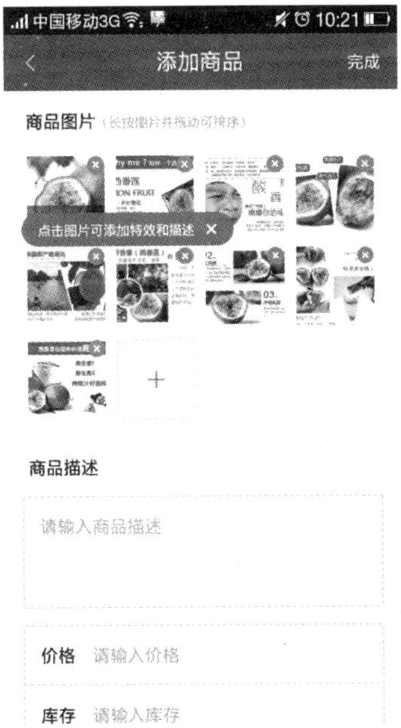

图 3-17 商品图片已添加

图 3-18 图片页面

没有文字说明，图片又需要文字描述的，可以选择“图片描述”。这样就可以以图文结合的形式，将商品展示给顾客了。

当然，如果店主无需对图片添加特效和描述，可以直接输入商品描述，并添加商品价格和库存。

商品信息输入完毕后（见图 3-19），还需要点击“分类至”，对商品进行分类。在分类至界面，根据所添加的商品属性，选择合适的分类名称（见图 3-20），并点击红色按键“确定”。

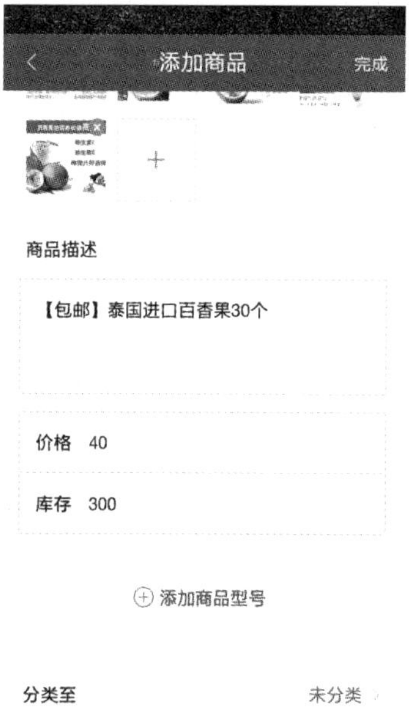

图 3-19 商品信息已输入

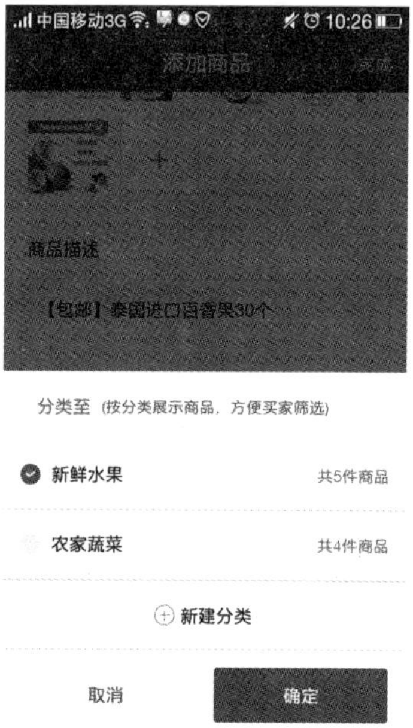

图 3-20 选择合适的分类名称

然后店主就可以在“分类至”看到已选择的商品名称，这也说明店主已将商品分类完毕，此时可以直接点击页面上方的“完成”（见图 3-21）。这时，在“分享商品”页面中，就会看到“成功添加商品”（见图 3-22），说明店主已设置好商品的宝贝详情。然后点击“完成”。

这时，在商品管理中，店主会看到已添加的商品。想要查看该商品的宝贝详情，可以点击该商品下方的“预览”（见图 3-23），进入“宝贝详情”页面中。

在“宝贝详情”页面，首先会看到该商品的主图（见图 3-24）。下拉页面，会看到该商品的商品介绍（见图 3-25）。如果店主制作的是图片，图片已

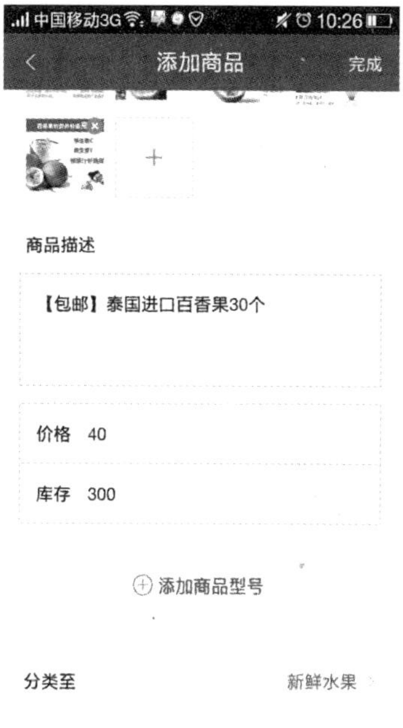

图 3-21 点击“完成”

图 3-22 成功添加商品

图 3-23 点击“预览”

图 3-24 主图

有文字描述，那么每个图片边缘多留些空白，这样的图片衔接会比较美观，看不出是几张图拼凑而成的。

图 3-25 商品介绍

以上是添加商品后设置宝贝详情的基本操作。掌握这些流程后，店主就知道如何设置自己的宝贝详情了。

总之，宝贝详情很重要，它设置得好坏将直接影响店铺的销量，因此店主必须要多花些心思。设置好宝贝详情，这样才能发挥宝贝详情的作用，提高顾客转化率。

3.3 什么样的店长笔记更吸引顾客

店长笔记是帮助店主引流的一个好工具，其内容很重要。写一篇图文并茂的文章，可以将其展示在你的店铺中，也可以将其一键分享给你的好友，以此宣传你的店铺和商品。

如果你的文章足够吸引人，还会引起他人的转发，这样店铺会得到更多的展示机会，从而提升店铺的知名度，让更多人知道你的店铺。

3.3.1 笔记标题，简短明确

很多店主只是一味地发愁自己的店铺没有流量，却没有想到利用微店的“店长笔记”来获取站外流量（图 3-26）。实际上，如果店主能灵活运用店长笔记，可以通过它提高店铺的顾客访问量。

要想写好店长笔记，首先要写好笔记的标题。在一篇文章中，顾客第一眼看到的是标题。标题是否吸引人，是影响店长笔记点击率的最重要因素。

在店长笔记中，写好标题就成功了一半。一个好的标题，应该具有引起注意、概括整体内容、形成阅读冲动这三个作用。

图 3-26 店长笔记

一般来说，笔记的标题要简单明确。可以添加一些辅助的情感说明，让标题看起来更生动一些。比如，“我，为什么叫小文的爸”，这个标题很简单，看起来平淡无奇，但很多人看了后都会主动转发。因为看到这个标题的人，很容易就会产生一种好奇心和点开的冲动，想要一探文章的究竟。同时也会认为这是一个很有趣的话题，因而乐于转发。

既然标题如此重要，那么店主如何写好笔记的标题，怎样巧妙地运用这些方法呢（见表 3-1）？

表 3-1 写好店长笔记标题的四种方法

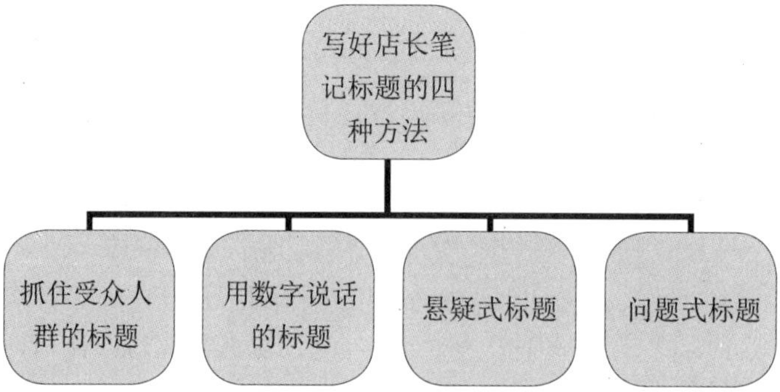

1. 抓住受众人群的标题

在标题中，店主可以明确指出文章是给谁看的。比如，父母为什么要和孩子亲子共读（见图 3–27），用这样的标题就可以吸引目标人群的点击。

一般来说，这类标题比较偏向情感类、年龄类话题。从表面上来看，这类标题好像缩小了受众范围，但它设置的特定内容却聚拢了特定的人群，从而引发圈里的人产生共鸣，扩大共同话题，最终产生特定的效用。

图 3–27　抓住受众人群的标题

图 3–28　用数字说话的标题

2. 用数字说话的标题

实际上，在笔记标题中，利用数字说话（见图 3–28），往往拥有比较好的眼球效应，也比较容易让顾客产生“权威性”“信服感”。如果店主善于利用具体或特定数字突出标题，可能会达到意想不到的效果。

对于店主来说，标题中的数字会有多大的权威，能给访问者产生什么样的心灵碰撞，巨大的数据产生的效应会有多大？关于这类标题的答案，想一想当我们自己遇到数字标题时，内心会产生多大的震撼，有多强的探知欲就可以了。

3. 悬疑式标题

人是有好奇心的，如果店主写的标题是悬疑式的，就能够勾起访问者的好奇心理，这样的标题能够最大限度地让访问者产生阅读的欲望。

不过，使用这样的标题时，文章内容必须是真实可靠的，而不是故意欺骗顾客。不要做标题党，因为访问者看了一次以后，知道你是在骗他，下次就不会再来看你的文章了。

4. 问题式标题

一般来说，问题式标题是最常见的一种方式。一般情况下，这样的标题是很多人比较关心的问题。比如，一本绘本到底值多少钱（见图 3-29），这就是一个典型的问题式标题。在一定程度上，这样的标题会激发访问者对某种事物或知识的渴望，一般会受到绝大多数人的喜欢，因为谁都喜欢让自己多长些见识。

3-29 问题式标题

以上是写好店长笔记的四种方法。除了这些外，当然还有其他很多种写作手法。但无论选择哪一种店长笔记标题的写作手法，最终能不能达到预期的效果，还要根据你的文章来决定。如果你的文章标题写得非常好，吸引大量的访问者点击并进入，但其内容与标题不符，这时候非但达不到推广引流的效果，反而会引起访问者的反感。

3.3.2 内容详实，真情流露

在店长笔记中，除了标题外，笔记内容同样也很重要。但店主最好不要直接写产品，不要文不对题。因为即使有人阅读了你的文章，但一篇苍白无力或直接推广产品而没有温度的文字，是不会引起别人转发的。那么，店主花费了大量时间和精力写的店长笔记，也就没什么意义了。

实际上，写店长笔记的最终目的是宣传自己的微店或商品，往更深一层去说，则是为了引入新的顾客。访问者阅读店长笔记后，透过文字和图片，可以深入地了解店铺和产品，增加他们对你的信任，从而认可你的商品。了解这些特点后，店主就应该知道写什么样的内容顾客才会感兴趣。

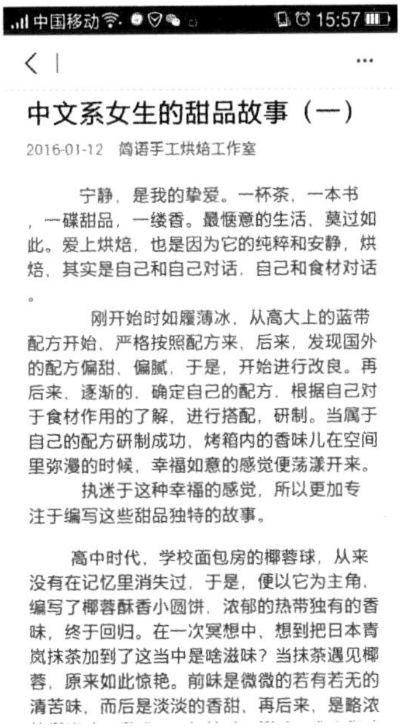

中文系女生的甜品故事（一）

2016-01-12 简语手工烘焙工作室

宁静，是我的挚爱。一杯茶，一本书，一碟甜品，一缕香。最惬意的生活，莫过如此。爱上烘焙，也是因为它的纯粹和安静，烘焙，其实是自己和自己对话，自己和食材对话。

刚开始时如履薄冰，从高大上的蓝带配方开始，严格按照配方来，后来，发现国外的配方偏甜，偏腻，于是，开始进行改良。再后来，逐渐的，确定自己的配方，根据自己对于食材作用的了解，进行搭配，研制。当属于自己的配方研制成功，烤箱内的香味儿在空间里弥漫的时候，幸福如意的感觉便荡漾开来。

执迷于这种幸福的感觉，所以更加专注于编写这些甜品独特的故事。

高中时代，学校面包房的椰蓉球，从来没有在记忆里消失过，于是，便以它为主角，编写了椰蓉酥香小圆饼，浓郁的热带独有的香味，终于回归。在一次冥想中，想到把日本青岚抹茶加到了这当中是啥滋味？当抹茶遇见椰蓉，原来如此惊艳。前味是微微的若有若无的清苦味，而后是淡淡的香甜，再后来，是略浓

图 3-30 与商品结缘的故事

如果你是一位新手，刚开店没多久，可以写一些自己开店经历或与商品结缘的故事（见图 3-30），也可以向大家分享自己使用商品的感受以及

他人的反馈。

如果你想吸引目标人群点击，可以写一写他们感兴趣的原创或转载文章。如果店铺正在进行促销活动，也可以给大家分享一些促销活动信息。当然，你还可以在店长笔记中分享自己的生活经历。

不管你写的内容是什么，只要内容详实，真情流露，这样的文章一般是不会受到顾客拒绝的。当你写了一篇自以为不错的店长笔记后，就可以让自己的亲朋好友帮忙转发。这样店长笔记就能获得更多的展示，吸引更多的人点击。

3.3.3 页面排版，图文结合

在店长笔记中，如果说内容是灵魂，那么版面就是外表了，版面在店长笔记中也起着不可小觑的作用。

店长笔记的版面，最好不要将文字安排得过于密集。因为太密集的文字容易使人烦躁，让人失去阅读的耐心。一般来说，文字最多不超过6行，即使你的内容还没结束，也最好换段。

页面排版时，除了文字不要太密集外，店主在撰写文案时，最好三四段插入一张图片，一段也可以。以图文结合的形式（见图3–31）撰写文字，访问者阅读店长笔记时，不至于产生视觉疲劳。

如果店主实在不知道放置什么图片，也可以放一些风景图片。这些图片既不会跟内容不符，也不会影响店长笔记的整体美观。此外，还需要注意的是，每段之间最好空一行。

页面排版完毕，可以先找自己的几个好友帮忙转发，但最好不要找所有的亲朋好友转发，因为店主写的文章未必适合所有朋友的圈子。发布之前，需要分析自己撰写的文字适合哪些朋友的圈子，然后找这些朋友帮你转发。

另外，店主不可能只写一篇店长笔记，也不可能每一篇都让自己的所有朋友转发。偶尔一次帮忙，朋友还会比较乐意，但次数多了，会引起朋友的反感。所以店主要懂得合理利用资源，并将其做到最优化。

如果店主希望更多的人看到这篇文章，转发店长笔记时，可以写一些自己的评价或观点。这相当于给文章做背书，可以增加朋友的信任，或引起他人的好奇。甚至有人在转发你的店长笔记时，可以直接复制你的评价，这样在无形中会增加店长笔记的点击率。

图 3-31 图文结合的店长笔记

3.3.4 店长笔记的设置

当店主掌握了店长笔记的软文营销方法后，就可以在微店中设置“店长笔记”了。

那么，如何设置“店长笔记”呢？

首先，在微店首页点击“微店”，进入“微店管理”页面。在该页面中，点击“店长笔记”（见图 3–32）。在“店长笔记”页面中，如果还没有写过笔记，则会在页面中间看到铅笔图案，可以点击它（见图 2–33），就能写下自己的第一篇笔记。

进入“新笔记”页面后，就可以编辑店长笔记了。首先，店主需要输入笔记的标题。输入标题后（见图 3–34），可以点击“添加内容”。这时页面会弹出四个选项，分别是“添加文字”“添加图片”“添加商品”和“添加视频”，店主可以根据自己的需求来选择。这里选择的是“添加文字”（见图 3-35）。

图 3-32 点击“店长笔记”

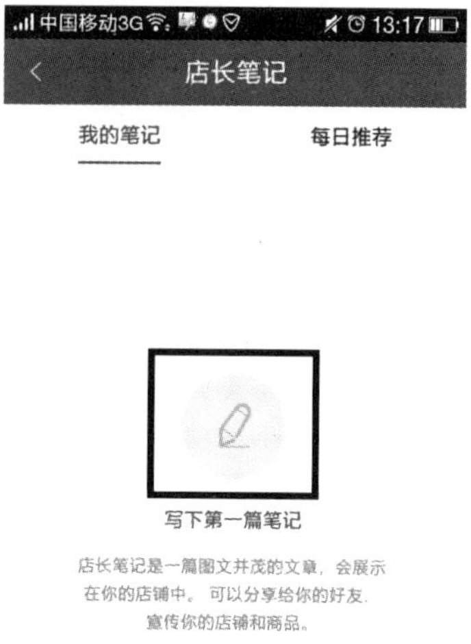

图 3-33 铅笔图案

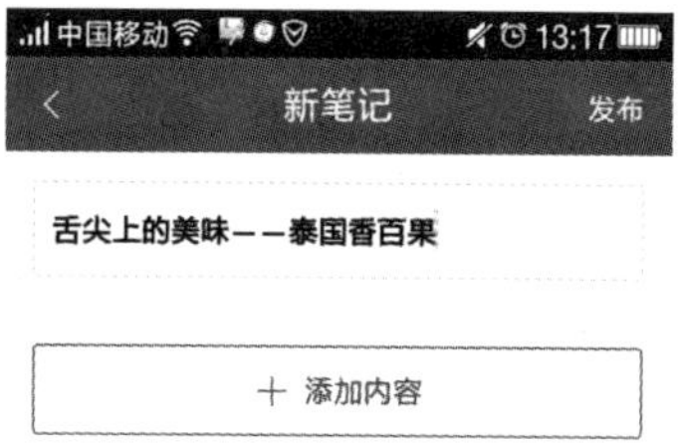

图 3-34 输入标题

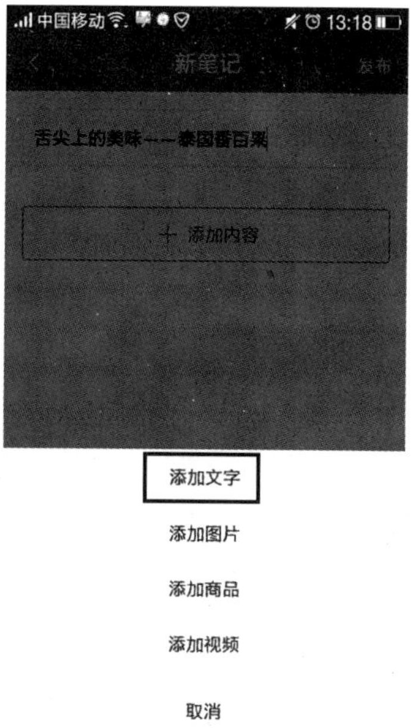

图 3-35 点击“添加文字”

然后页面会出现一个边框，可以在边框内输入文字（见图 3–36）。输入完文字后，若还想添加其他内容，可以点击“添加内容”。在“添加内容”页面中，店主可以根据自己的需求来选择。这里选择的是“添加图片”（见图 3–37）。

图 3–36 输入文字

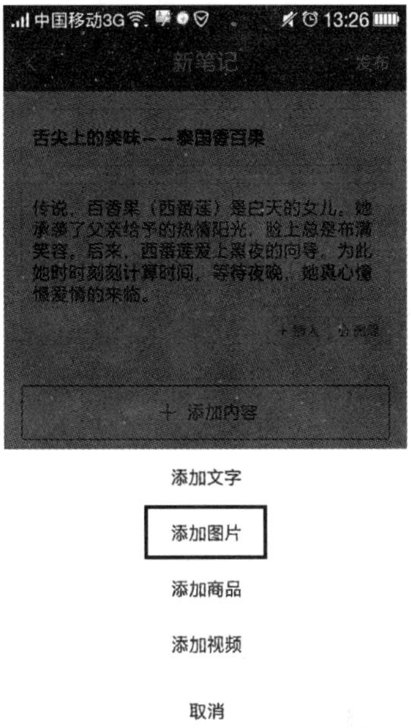

图 3–37 选择“添加图片”

进入“选择图片”页面后，需要从众多图片中选择想要添加的图片（见图 3–38）。选中图片后，该商品图片就会显示在新笔记页面中（见图 3–39）。如果还想继续添加内容，可以点击“添加内容”。

如果店主选择的是“添加商品”（见图 3–40），就会进入“选择商品”页面，选择需要添加的商品（见图 3–41）。

点击所需添加的商品后，该商品就会显示在新笔记页面中，这说明店主成功添加上了商品（见图 3–42）。

如果店主不想添加任何内容，就可以点击右上角“发布”。这时，在“笔记发布成功”页面中，会看到“恭喜你，店主笔记发布成功”的提示。这说明店主已编辑好店长笔记，可以一键分享到各大社交平台中，也可以

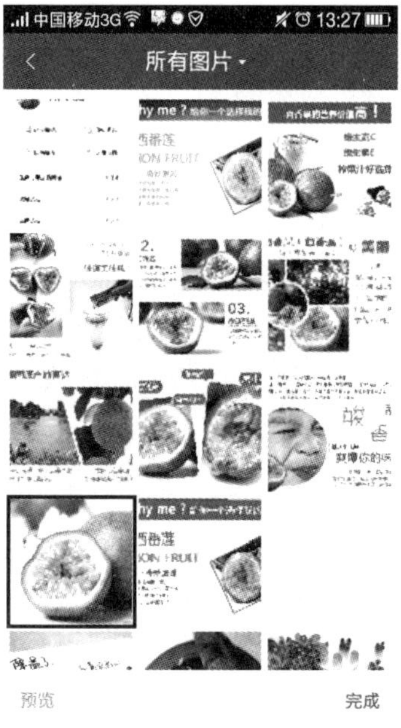

图 3-38 选择想要添加的图片

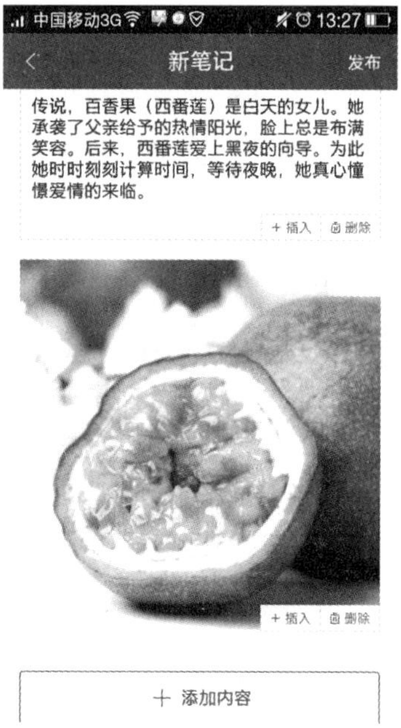

图 3-39 已添加的商品图片

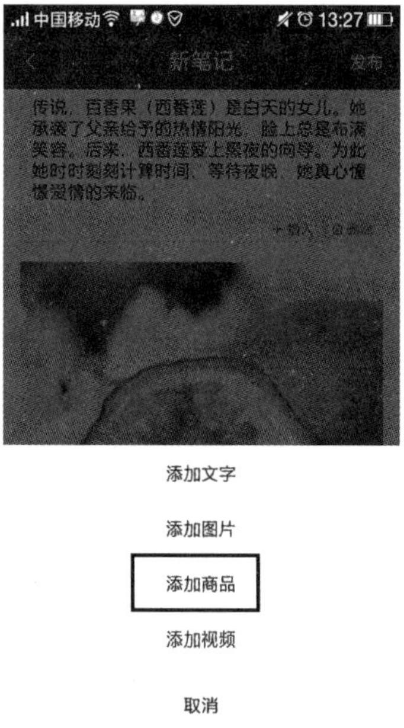

图 3-40 选择“添加商品”

图 3-41 选择需要添加的商品

点击右上角“完成”（见图 3-43）。

点击“完成”后，在“店长笔记”页面中，店主会看到已设置好的店长笔记。想要看看店长笔记的编辑效果，可以点击“预览”（见图 3-44），这时店主就可以看到已设置好的店长笔记了（见图 3-45）。

图 3-42 商品已添加

图 3-43 点击“完成”

图 3-44 点击“预览”

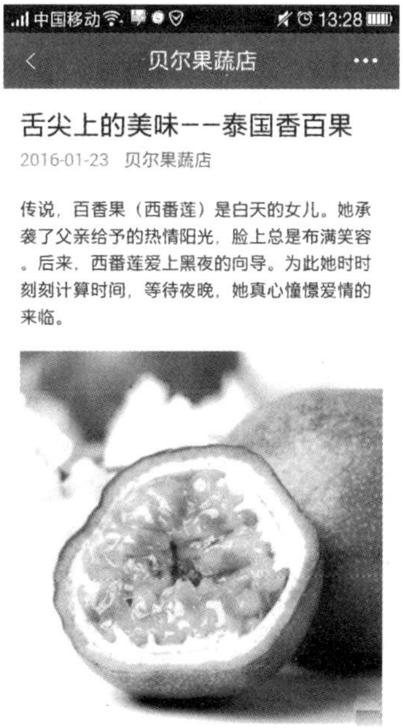

图 3-45 店长笔记已设置

以上是设置店长笔记的基本操作。掌握这些流程后，店主就能很快设置好“店长笔记”，并一键将其分享到各大社交平台，让更多的人知道自己的店铺。

当然，想要吸引他人点击，就要在店长笔记上多下功夫，不仅在标题上要有新奇的特点，内容上也要有深度，这样才能引人入胜。如果店长笔记写得精彩，不但可以引起他人注意，还能引起他人自动转发，大大提高店铺的曝光率。

3.4 通过店铺公告向顾客传达信息

店铺公告是介绍店铺和店铺信息最重要的地方，因此如何撰写店铺公告很关键。另一方面，店铺公告的空间十分有限，因此店主必须要将软文写得精炼、简短，但又不失精彩才好。

店主必须好好研究顾客的喜好，并按其口味去设计店铺公告，通过店铺公告向顾客传达信息，让顾客产生心动和想要购买的感觉，从而建立自己在顾客心中的品牌形象。

3.4.1 将店铺公告设计成广告

实际上，店主可以将店铺公告设计成广告，这样可以建立自己在顾客心目中的品牌形象。不过在写这样的广告时，店主应该注意以下几点（见表 3-2）。

1. 广告要简单易懂

在店铺公告上做广告时，编写的内容不要太复杂。要简单易懂，让顾客一看就能明白，这样才能将商品或服务的概念清楚地传递给顾客，让顾客对店铺有大致的了解。

表 3-2 将店铺公告设计成广告

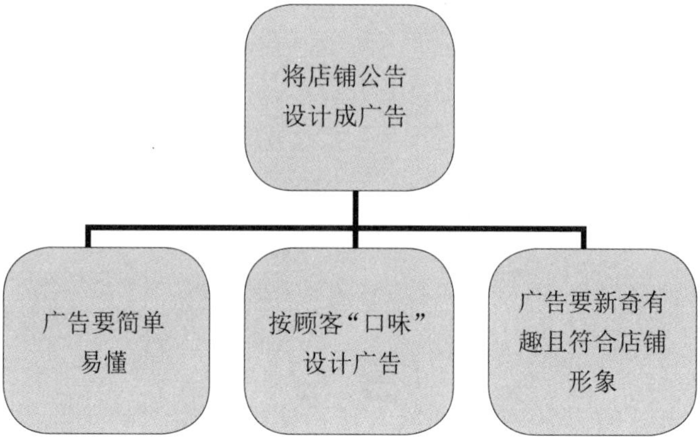

2. 按顾客“口味”设计广告

在店铺公告上编写广告时，店主必须要知道，你编写的这则广告应该是为你的目标顾客量身定做的，这个广告必须能让他们轻松接受，而不是引起他们的反感。因此店主必须要认真研究顾客的偏好，按照他们的“口味”设计广告。

3. 广告要新奇有趣且符合店铺形象

店主撰写的广告要新奇有趣，因为绝大多数年轻人都比较愿意接受新奇、有趣的信息。另外，广告不能是为了娱乐自己，要让顾客有一种产生心动和想要购买的感觉。更重要的是，广告要符合店铺的形象，与店铺品牌紧密相连。这样可以强化品牌在顾客心目中的地位，给顾客留下深刻的印象。

以上是将店铺公告设计成广告的注意事项。对于店主来说，广告的使命在于传播，被顾客接受，被人记住，这才能说明这个广告获得了成功。因此店主在将店铺公告设计成广告时，一定要有创意，更要有时效性。

3.4.2 将店铺公告设计成信息发布栏

除了将店铺公告设计成广告外，店主也可以将店铺公告设计成信息发布栏，这样不仅可以让进店的顾客快速了解店铺的最新动态，还能让他们知道店铺正在进行的促销活动信息，起到激发顾客购买欲望的目的。

在店铺公告中，店主可以发布哪些信息呢（见表 3–3）？

表 3-3 店铺公告信息

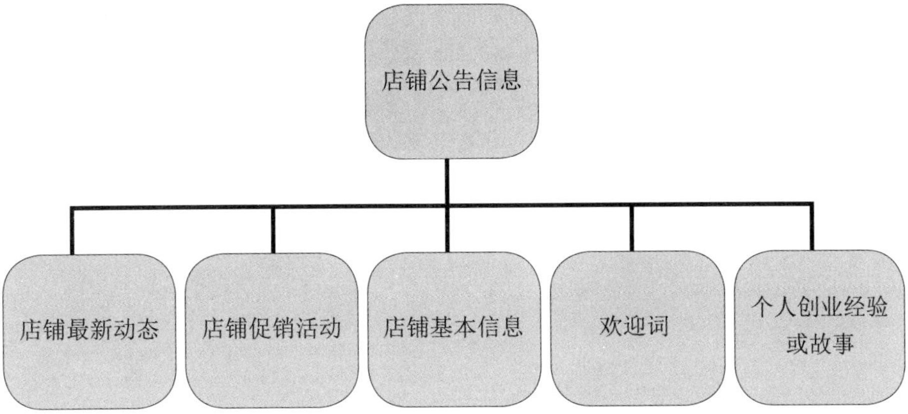

1. 店铺最新动态

如果店铺刚进了一批新品，或者店铺要进行产品结构大调整，店主可以将店铺的这些最新动态以文字的形式输入到店铺公告中，让顾客对店铺有所了解，方便顾客购物。

2. 店铺促销活动

如果店铺要进行促销活动，比如周年店庆、母亲节促销活动等，店主可以把这些信息放入店铺公告中。进入店铺的顾客通过店铺公告栏，就能知道店主精心策划的促销活动了。

3. 店铺基本信息

通过引流进来的顾客，很大一部分都是新顾客。他们是第一次进入店铺，对店铺了解不多。为了帮助他们对店铺有个大致的了解，吸引他们购买商品，店主可以将店铺的基本信息放在店铺公告中，比如包邮说明、发货时间等（见图 3-46），这样顾客就能对店铺有个基本的认识，加深对店铺的印象。

4. 欢迎词

为了展示店铺的热情和亲和力，店主也可以在店铺公告中发布一些诚挚的欢迎词。这样即使店主不在线或不知道顾客进入店铺，也可以通过店铺公告，让光临店铺的顾客知道店主非常欢迎他们的到来，让顾客感觉自己是受欢迎的。这也是拉近店主与顾客距离的一种方式。

图 3-46 店铺基本信息

图 3-47 个人创业故事

5. 个人创业经历或故事

如果店主是个新手，店铺刚开业，为了增加顾客对你的信任，可以将自己的创业经历或创业故事（见图 3-47）放在店铺公告中，这样顾客就能通过店铺公告对你或店铺有一个感性的了解。

这种接地气的个人创业经历或创业故事，能让顾客从字里行间感受到你的喜怒哀乐。随着对你的了解越来越深入，就会逐渐对你产生信任。一旦得到顾客的信任与认可，自然就会对你的商品产生兴趣。

以上是在店铺公告上发布信息的几种方式。掌握这些方法后，店主就能根据自己的需求自由设置店铺公告，并通过店铺公告将自己想要表达的信息传达给顾客，这也是店主与顾客沟通的一种方式。

总之，店主应该充分利用“店铺公告”这一功能，最大程度发挥它的作用。

第4章

CHAPTER FOUR

多种方法引流，不错过每一位顾客

开店之初，很多店主都苦于没有顾客进店浏览和购买，因而如何引流成了他们心中最大的一道难题。

实际上，引流的方法有很多，比如线上线下推广、集赞、发宣传单等。这些引流方法不仅可以达到引流的目的，而且可以塑造店铺品牌。

4.1

如何获得第一批顾客

微店开张后，获取第一批顾客很重要。他们不仅可能成就微店的第一批订单，为微店运营提供资金支持，还可以增强店主的经营信心。如果把他们维护好了，还可以带动其他顾客进店消费，形成传播力量。

当你没有客流，没有销量，没有评价的时候，获取第一批顾客并非易事。你必须有的放矢地采用一些引流办法，才有可能达到目的。

4.1.1 免费给亲朋好友试用

流量是店铺的根本。没有流量，说明你的店铺没有顾客光顾。尤其对于新加入微店的店主来说，没有顾客，不仅没有成交，没有销量，没有评价，也容易产生挫败感，甚至形成恶性循环，直接放弃微店运营。要想打破这个僵局，店主就需要在引流方面多花些心思。

其实，与实体店一样，微店也需要通过引流来获取第一批顾客。对店主来说，积累第一批顾客就好比滚雪球，开始需要亲力亲为，将雪球堆砌好，并且要很扎实。后期只需要将其往有雪的地方滚动，雪球自然会越滚越大。

如果能够借助“惯性”滚动雪球，根本不用花费多大的力气，就能把雪球滚大。

既然第一批顾客这么重要，店主需要从哪里着手获取他们的关注和进入呢？其实最好的切入点就是自己的亲朋好友。

与陌生顾客不同的是，亲朋好友都是自己身边最熟的人。在此之前，他们就已经与自己建立了长期稳定的信任关系，所以他们会信任你并且愿意给你机会，试用你的产品，这就是所谓的“爱屋及乌”。

也正因为如此，广大店主向他们推荐产品时，一定要确保自己已经试用过产品，并且确保产品安全无毒害且质量有保障，然后再向他们推荐，或者免费给他们试用。

有句话说得好，“舍不得孩子套不住狼”。当然，这里的“狼”并非仅指自己的亲朋好友，还有他们背后庞大的人际关系网。亲朋好友使用产品后，如果他们觉得产品不错，体验很好，并且价格不贵，那么他们就会免费为你做宣传。

即使不主动为你做宣传，只要效果看得见，周围的人发现了他们的变化，也会主动询问他们产品是从哪里购买的。酒香不怕巷子深。这样十传百，百传千，口口相传，粉丝暴涨的效果也是非常惊人的。

除了能为我们带来海量流量外，亲朋好友还可以为我们提供一个真实的反馈，甚至是一个非常好的建议。这样我们不但可以完善自己的产品和店铺，还可以积累应对顾客的经验。遇到同样的问题，可以做到心中有数，从容应对，以专业的知识征服顾客。

4.1.2 通过各种社交媒体获得第一批粉丝

做生意就像下棋，仅凭一个棋子是无法获得成功的。要想获得最终胜利，下棋之人必须精心布局，将每一个棋子都发挥出它最大的作用，步步为营。放在微店运营上，这个道理也同样适用。

对于店主来说，免费给亲朋好友试用，期待他们带来第一批顾客，这虽然是一个好的引流突破口，但带来的顾客毕竟有限。潜藏于各地的目标消费群体是庞大的，取之不尽的，这些顾客同样是我们应该争取的。

店主必须做好两方面的准备，既要做好熟人生意和引流工作，也要做好陌生人的引流工作，只有这样，才能为店铺带来更多的顾客。

如何将这些目标消费群体引入到自己的微店中，让他们对自己的店铺感兴趣，是很多店主头疼的一个难题。因为即使方法是对的，但用错了地方，也是收效甚微，甚至徒劳无功。

如果店主平时关注成功微店的引流经验，不难发现，在有影响力的媒体上发表文章，不失为一个很好的引流方法。这些媒体有足够的影响力，上面有很多读者。这些读者中必然会有自己的目标群体。或许他们只是非常小的一个人群，但也能为店铺带来可观的客流量。采用此方法成功获取流量的，不仅有在微信公众号上发表文章的哈爸，还有在科技媒体虎嗅网上发表文章的公众号“少年商学院”。

对于普通微店店主来说，在专业媒体或者网站上发表文章，或许还有一定的难度。但我们身边就有这样一个好的渠道，那就是微信。比如我们可以先加个人微信，再推荐公众号。虽然这是一个体力活，但微信公众号有了第一批粉丝，做好内容之后，粉丝增长也会非常快。

店主在添加个人微信之前，需要先搞清楚自己的目标粉丝人群是谁？这需要店主根据自己售卖的产品来定位目标粉丝，比如店主售卖的是时尚女装，那么喜欢时尚的年轻女性人群就是你的目标顾客。

明确目标人群后，可以先从自己的亲朋好友以及在自己店铺购买过商品的顾客入手，通过他们的手机号码或 QQ 号，添加他们的个人微信（见图 4-1）。当然，店主也可以寻找目标人群喜欢聚集的平台。在这个平台上，店主可以提供有价值的内容，并在内容中加入自己的微信公众号，吸引别人来关注你。

此外，店主也可以通过宣传单、名片等形式，将自己的公众号进行公开展示和传播。

4.1.3 在目标粉丝聚集的地方提供干货

开店做生意，流量是基础和源头。很多店主可能还不懂或不理解什么

图4-1 添加微信

是流量，但每天必做的功课就是不断地加人，这其实就是为自己储备制造流量种子的一个过程。做完这些功课后，每个人几乎都会有同样的疑问，为什么加进来的人没有转化为顾客，店铺成交量没有大的变化呢？

出现这个问题，说明店主添加的粉丝质量不佳，更不用说精确瞄准目标顾客了。一般来说，你添加的人不是僵尸粉丝，就是对你的店铺不感兴趣的人，自然谈不上销售。

找到问题的根源后，店主需要分析自己的引流方法，并找到一个合适的渠道进行引流。也就是说，要在目标粉丝聚集的地方提供干货，吸引他们。

使用这种引流方法之前，店主需要知道产品的受众人群是谁，他们最关心什么。当店主了解目标消费人群的需求后，就可以提供相应的干货。比如，你经营的是儿童绘本，你的目标顾客是年轻妈妈们，他们比较关注家庭生活、亲子教育等内容，你就可以有针对性地提供这些方面的文章。

如果她们对你的文章感兴趣，就会主动添加你，与你交流。通过沟通，彼此建立了相互信任的关系，当她们得知你正在开微店，售卖的是她们需要的产品，自然就会因为信任你这个人而认可你的微店和商品，下单也就是水到渠成的事。

总之，在目标粉丝聚集的地方提供干货，可以为店铺带来大量高质量的顾客，大大提高顾客的转化率，从而提高店铺的销量。

4.1.4 微信如何导入 QQ 好友

除了 QQ 外，微信也已经成为人们彼此沟通的一个热门聊天工具。大家经常使用微信与自己的亲朋好友聊天，同时也可以通过它认识自己周边的朋友。

由于绝大多数人每天都有多次查看微信的习惯，因此，如果店主在微信上发送相关信息，将大大提高店铺的曝光率。当然，如果微信好友太少，进入店铺浏览商品的访客就少。想要增加客流量，店主必须多加一些好友，让更多的人知道自己经营微店。

店主在微信上添加好友时，可以将 QQ 好友导入微信中，这是获取第一批顾客最好的办法。因为熟悉的朋友比较靠谱，这些都是有质量的粉丝，与陌生人相比，他们更愿意添加你。此外，如果他们有需求，也会主动询问你。

在具体操作中，如何将 QQ 好友导入到微信中呢？

首先，登录微信。在微信页面，可以看到下方菜单栏中有“微信”“通讯录”“发现”和“我”四项内容，点击“通讯录”。

在通讯录页面，可以看到“新的朋友”“群聊”“标签”“公众号”以及已添加的微信好友。这时需要点击“新的朋友”（见图 4–2）。

在“新的朋友”页面中（见图 4–3），可以看到两个选项：一个是添加手机联系人，另一个则是添加 QQ 好友。因为要导入 QQ 好友，所以需要选择“添加 QQ 好友”。

进入“查看 QQ 好友”页面（见图 4–4），会看到与微信绑定的 QQ 好友分组，点击想要导入好友的 QQ 分组。

进入该 QQ 分组页面后，会看到该组所有好友，每个好友右边都有一个绿色按键“添加”。想要添加某一好友，可以点击该好友右边的绿色按

图 4-2 点击“新的朋友”

图 4-3 “新的朋友”页面

图 4-4 “查看 QQ 好友”页面

图 4-5 点击“添加”

图 4-6 “添加”变成“等待验证”

键“添加”即可（见图 4-5）。这时，该好友右边的“添加”会变成“等待验证”（见图 4-6），这说明店主已向该好友发送添加好友信息。待该好友同意添加后，便成功将该 QQ 好友添加到微信中了。

以上是将 QQ 好友导入微信的基本操作。掌握这些流程后，店主就能按照此操作方法，将 QQ 好友全部导入到微信中了。

添加完好友后，店主切不可频繁刷屏。要定期定量地发送信息，只有这样，才能避免引起好友的反感，降低屏蔽自己的概率。

通过这种方法，店主就能成功获取第一批顾客了。如果店主能将这批种子顾客服务好，生意自然会越来越红火。

4.2 集赞活动的快速影响力

集赞也是微店常用的一种引流推广方式。在店铺流量不足的情况下，店主可以通过集赞活动，让更多陌生人参与到其中。这样会让越来越多的人知道这个活动，知道你在做微店，从而达到引流的目的。

4.2.1 巧妙点赞、评论赢得好感

在现实生活中，大家对“集赞”这个词并不陌生，很多人都会让好友给自己分享的东西点个“赞”。好友出于帮忙性质，一般都会积极帮忙点赞。感兴趣的朋友甚至还会在朋友群发一条这样的信息，再让自己的朋友帮忙点赞。在这个过程中，微店就能被更多的人知晓，并给店铺带来一定的流量和销量。

如果店主想利用集赞活动让人快速知道你在做微店，平时就要时时关注他们动态，巧妙点赞、评论，以此来混个脸熟。通过这种方法，在一定程度上可以赢得对方的好感。为什么一定要做这个工作呢？因为店主添加的人中，并非所有人都是你的亲朋好友，还有一些是新添加的朋友。你与这些人都是陌生人，感情基础薄弱，若想让他们转发你的信息，就要博得

对方的好感。

中国是个礼仪之邦，崇尚“礼尚往来”。你时不时地给对方点赞，一方面是让对方知道你一直在默默地关注他，并且肯定他的见解；另一方面，也可以让对方知道你的存在，引起他的注意。当彼此因点赞、评论而熟悉后，你发送的信息自然也会引起对方的关注。比如集赞活动，当他们信任并认可你时，很有可能会帮助你转发，甚至有可能会参与其中。

4.2.2 活动要足够吸引人转发

在现实生活中，很多商家都懂得利用“集赞”来达到引流的目的。比如，粉丝拿到 38 个赞，就免费赠送一个礼品。开展这样的活动，常常在发起活动的第一天浏览量就能达到上千人次。如果一个人有 38 个好友给“赞”，这 38 个好友中又有几个转发到自己的朋友圈，然后又会有其他人进行转发，慢慢地就会形成扩散的力量，其传播效果可想而知。但作为微店店主，要想将这个“集赞”活动的作用发挥得淋漓尽致，需要掌握以下 3 个技巧（见表 4-1），才能吸引他人参与其中，并转发活动信息。

表 4-1 集赞活动需要掌握的 3 个技巧

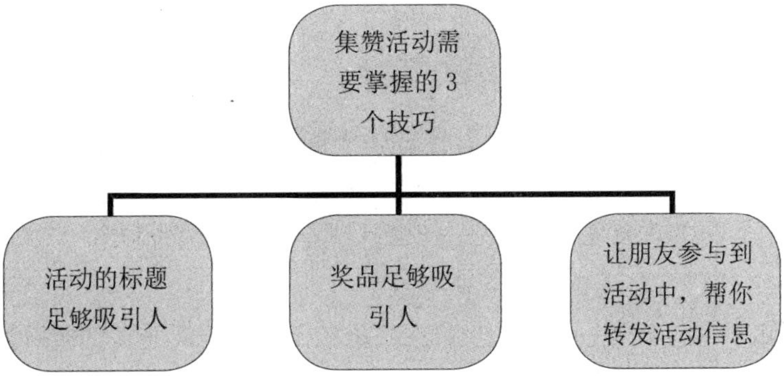

1. 活动标题足够吸引人

每天朋友圈的原创和转发信息都很多，我们愿意关注的，除了好友自己的状态外，就是那些标题比较吸引人的转发文章。

店主设置集赞活动时，也一定要让自己的活动标题有足够的吸引力。标题既要简单，能让大家一目了然，又要有趣，能吸引更多人关注，并让他们自愿进行传播。

2. 奖品足够吸引人

如果你的奖品不值得大家花时间和精力去收集那么多的赞，那么这个活动最终是不会成功的。想要做好集赞活动，各位店主一定要考虑到这一点。

3. 让朋友参与到活动中，帮你转发活动信息

要想做好集赞活动，第一批传播“种子”很重要。店主可以将集赞活动分享给亲朋好友（见图4-7），想办法说服他们，让他们参与到其中，并转发活动信息。

图4-7 集赞活动

当然，好东西是要与亲朋好友一起分享的。店主可以将奖品分享给亲朋好友，让他们多拍几张拿到奖品的图片，将其分享到朋友圈，以便让他人知道这个集赞活动是真实的。这样既宣传了店铺的产品，也能吸引更多的人参与到其中。

以上是吸引潜在顾客转发活动信息的技巧。掌握这些方法后，店主就能通过“集赞”活动，让更多的人参与其中。参与的人越多，说明活动做

得越好。转发信息人数的多少，也能体现出集赞活动的宣传效果如何。

4.2.3 践行承诺，取信顾客

在微店中，很多店主都懂得利用“集赞”活动来获取大量潜在顾客的关注。对于店主而言，这是快速增加客流量的好办法。而对顾客来说，只要人缘不错，很容易就能集满相应的赞，并获得相应的奖品，自然满心欢喜地参与到活动中。可以说，这是一个互利共赢的引流办法。

但在实际活动中，很多店主却将活动信息模糊化，不是没有说明地区限制，就是未标明奖品数量，或者根本不标明活动时间，之后借这些理由拒绝给集满赞的潜在顾客发放礼品。

这样做虽然成功吸引了大量潜在顾客的关注，但真正领到奖品的人只是少数，集到赞却没有领到奖品的人很多。当他们觉得自己上当受骗了，轻则不再相信开展此活动的店铺，重则将自己不好的集赞体验分享给他人，给店铺造成负面口碑，这样的集赞活动实际上就失去了引流的意义。

集赞活动结束之前，店主必须践行承诺，将相应的礼品送出去，这样才能获得顾客的信任。

4.2.4 保证活动公平公正

除了要兑现承诺之外，店主还应保证活动的公平公正，因为这也是获得顾客信任的一个关键要素。然而，在现实中，不管是实体店还是微店，很多店主设置了各种活动奖品，想利用集赞活动来吸引顾客，但奖品最终却只赠送给了自己的熟人或熟客。之后由于奖品数量有限，大量集满赞的人无法获得奖品。

这样的集赞活动自然是不公平的。如果他人知道事情的真相，店铺不但会失去大量潜在顾客的信任，而且还会因此流失大量顾客，不但得不偿失，也违背了引流推广的初衷。

无论对方是自己的亲朋好友还是陌生人，店主都应该同等对待。只有这样，才能获得顾客信任，使集赞活动达到引流的目的。

4.3

利用微店自身功能引流

店主也可以利用微店自身具有的一些功能，为店铺带来大量潜在的顾客。

4.3.1 利用微店商圈引流

在微店平台，有一个功能叫“微店商圈”，它不仅是店主们学习交流的场所，同时也是店主引流的一个工具。在微店商圈里，每个商圈群都聚集着同样兴趣爱好的人，这里面自然也包含潜在的消费对象。店主如果想要将这批人导入到自己的店铺中，可以采用以下两种办法，借以达到引流的目的。

表 4-2 微店商圈两种引流办法

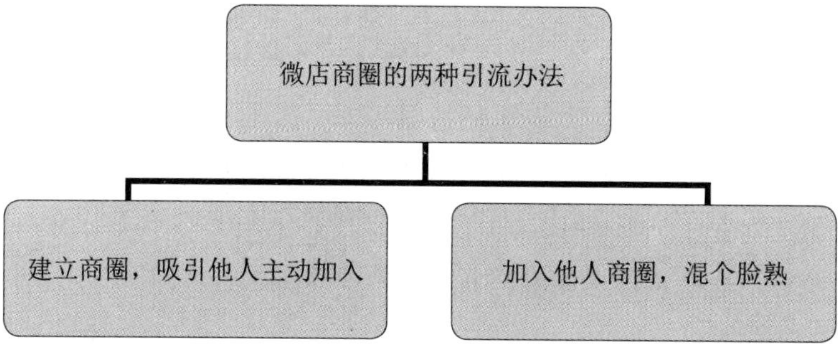

1.建立商圈，吸引他人主动加入

店主可以建立属于自己的商圈，吸引拥有同样兴趣爱好的人加入，这样会大大提高店铺的曝光率，具体操作方法如下。

打开微店 APP 应用软件，在微店首页点击“客户”。进入“客户管理”页面后，店主想要建立属于自己的商圈，可以点击右上角的添加按钮（见图 4-8）。这时会看到两个选项，分别是创建商圈和加入商圈，这里可以直接点击“创建商圈”（见图 4-9）。

图 4-8 点击添加按钮

图 4-9 点击“创建商圈”

在创建商圈页面中（见图 4-10），需要编辑商圈的相应内容，包括商圈图标、商圈名称和商圈介绍。

首先需要编辑商圈图标，点击上方“商圈图标”四个字所在位置就可以，随后进入图片页面。在这个页面上，需要从众多图片中选择其中一个图片，将其作为微店商圈的图标，点击所选图片（见图 4-11）。

之后，在修剪图片页面，可以对图片进行裁剪。调整好图片的裁剪区域，然后点击“√”（见图 4-12），这时商圈图标就编辑好了（见图 4-13）。接下来，店主还需要输入商圈的名称和商圈介绍。

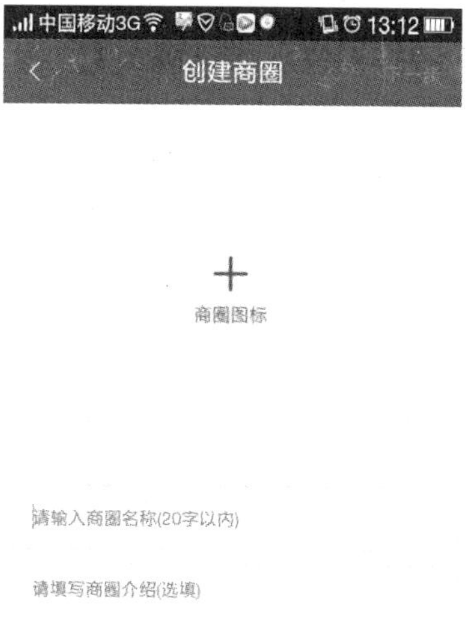

图 4-10 创建商圈页面

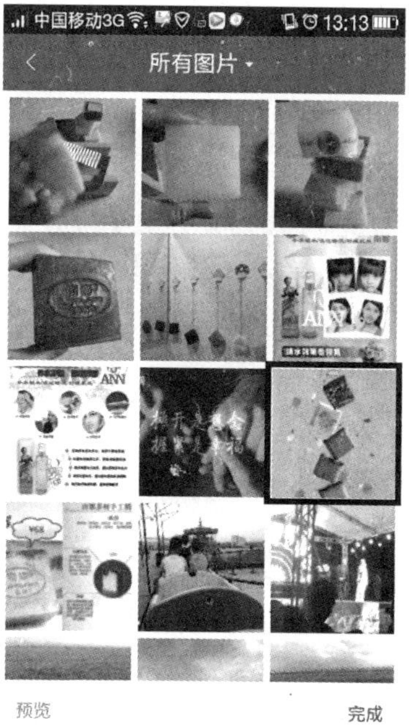

图 4-11 点击所选图片

图 4-12 点击“√”

图 4-13 商圈图标已编辑

输入完商圈名称和商圈介绍后（见图 4–14），点击右上角“下一步”。这时在分享商圈页面中，会看到“商圈创建成功”的提示信息（见图 4–15），这说明店主已成功建立了属于自己的微店商圈。

图 4–14　商圈名称和商圈介绍已输入　　图 4–15　商圈创建成功

建立好属于自己的商圈后，在附近活跃商圈中，其他人就会看到店主建立的商圈了。当他人认为自己的需求与商圈主旨相似，极有可能加入其中。随着彼此之间的了解，如果他们对店铺中的商品感兴趣，就有可能发展成为你的顾客，甚至成为你的分销商。

2. 加入他人商圈，混个脸熟

除了建立自己的商圈，达到引流推广的目的外，店主还可以主动加入他人商圈，混个脸熟。跟他人搞好关系后，极有可能有意向顾客和意向分销商联系你。

加入他人商圈的具体操作如下。

在微店商圈页面，会看到很多附近的活跃商圈。店主可以根据商圈名称，判断该商圈里是否有自己的目标顾客。如果决定加入某一商圈，可以点击它（见图 4–16）。进入商圈资料页面后（见图 4–17），如果决定加入该商圈，可以直接点击页面下方的“加入商圈”。

图 4–16 点击想要加入的商圈

图 4–17 商圈资料页面

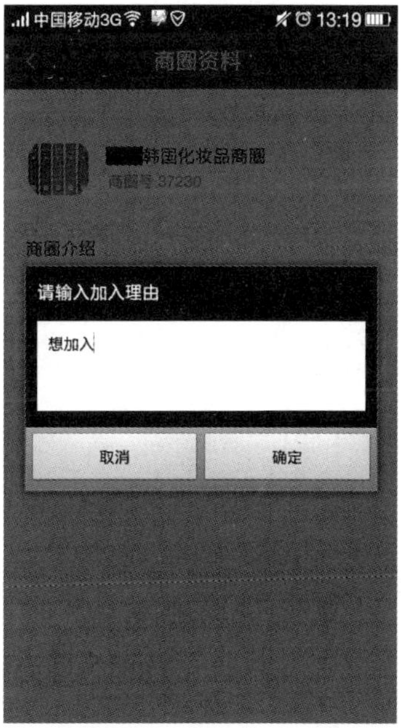

图 4–18 输入申请加入商圈的理由

图 4–19 提示信息

这时会弹出一个页面。在这个页面上，需要输入加入的理由。输入完申请加入理由后（见图 4-18），点击“确定”。然后就会看到“申请已发至管理员，请耐心等待结果”的提示（见图 4-19）。当商圈管理员同意后，店主就能加入到该商圈群中了。

店主加入到他人商圈后，要积极主动地与商圈中的好友沟通交流，既可以主动地将自己的一些经营方法告诉他人，也可以请教他人如何引流，等等。这样，店主不但可以交到一些志同道合的朋友，还可以增加店铺的曝光率，让更多的人知道你的店铺。如果他人有需求，极有可能增加与他人达成交易的概率。

4.3.2 利用“在微信中点亮微店”引流

店主还可以利用微店中的“在微信中点亮微店”这一功能，将自己的微店链接到微信中。这样他人查看店主的微信资料时，就能看到店主的微店，也就能让更多的人知道自己开微店了，大大增加店铺的曝光率。

如何将微店绑定到微信上，才能达到引流的目的呢？

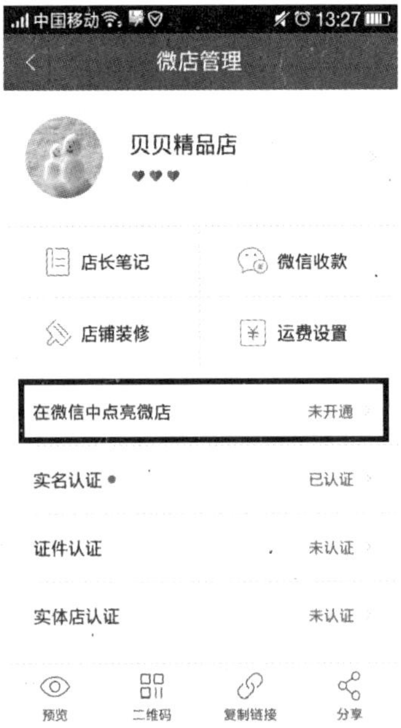

图 4-20 点击“在微信中点亮微店”

图 4-21 微信登录页面

在微店页面中，点击“微店”，进入“微店管理”页面，之后会看到很多功能设置。要想在微信中点亮微店，可以直接点击“在微信中点亮微店”（见图 4-20）。

在微信登录页面（见图 4-21），这时可以看到“登录后该应用将获得以下权限”的提示。确认要登录微信，可直接点击绿色按键“确认登录”。

进入“在微信中点亮微店”页面后，会看到一段提示信息以及相关图片，确定开通此功能，可以点击“立即开通”（见图 4-22）。在“绑定授权”页面中（见图 4-23），会看到自己的微店名称。决定在微信中绑定微店店铺，可以直接点击绿色按键“绑定”。

图 4-22 点击“立即开通”

图 4-23 绑定授权页面

这时页面会出现一段提示“已成功开通点亮微店服务”。在这个页面上，也会看到自己的微信图片和微信号，这说明店主已经在微信中点亮微店（见图 4-24）。之后，在微信详细资料页面中（见图 4-25），微信中的好友就可以看到你的微店了。

当店主开通微店的“在微信中点亮微店”功能后，他人在添加过程中，

图 4-24 已在微信中点亮微店

图 4-25 微信详细资料页面

就会注意到店主已点亮的微店。如果他们对你的微店感兴趣，就会直接进入店铺一探究竟。

微店的“在微信中点亮微店”这一功能，店主一定要好好利用，这同样不失为一种高效的引流办法。

4.4 线下引流的四种方法

在微店中，低成本获取客户是店主要做的一件重要事情。随着线上线下的联合，很多店主逐渐发现，大量的客户依然在线下。通过线下活动，同样能为店铺带来大量实实在在的顾客，而且用户黏性很强，这是互联网无法比拟的。

要想将线下流动的客流引入到线上，店主需要掌握一些线下引流的方法。

4.4.1 发送宣传单，发展潜在顾客

虽然线上流量不可忽视，但绝大多数顾客依然在线下。如何将这些顾客引入到微店中，吸引他们前来消费，就成了广大微店店主必须考虑的问题。综合各种数据来看，在所有的线下引流方式中，发送宣传单是最简单也是成本最低的一种引流方法。

发放宣传单之前，店主需要考虑四个问题。

第一，宣传单的内容如何写。

第二，宣传单要发给谁。

第三，哪些地方更适合发送宣传单。

第四，发送宣传单的时间。

在宣传单的内容方面，店主需要列出自己主要售卖的产品、价格、图片等产品信息，同样也要加上自己的联系方式，比如微信号或者微店二维码，以便顾客有需求时可以联系到你，或者直接扫微店二维码，进入你的店铺购物消费。

宣传单的内容确定后，可以将宣传单打印出来。接下来，店主需要考虑的是将宣传单发给谁，即微店的目标顾客。比如，店主售卖的是时尚女装，那么喜欢时尚的女性顾客就是目标顾客，店主可以将宣传单发给这些年轻女性。这样做不但可以降低成本，还可以发挥宣传单的最大价值，提高顾客的转化率。

明确宣传单的客户群后，店主还需要思考的是——哪些地方适合发送宣传单。也就是说，目标顾客经常出现在哪些地方，哪些地方的客流量最大？通常公园、大型商场、学校等地方，是客流量最多的地方，也是目标顾客经常出现的地方。在这些地方发送宣传单，引流效果最好。

确定发送宣传单的地点后，店主还需要考虑什么时候发送宣传单，因为即使是客流量最大的地方，也并非时时刻刻都有大量人群流动，店主需要观察目标地点的客流量高峰期。掌握客流量活跃的时间段，能够大大提高发传单的效率。

4.4.2 获取微店或微信二维码，粘贴在商品包装盒上

实际上，顾客购买商品并不一定是买给自己的，也有可能是送给自己的领导、同事，或者是自己的亲戚好友。如果店主在商品包装盒上贴上了微信或微店二维码，收到货的人对商品比较满意，对你的店铺比较感兴趣，就可以通过扫码联系到你或直接进入到你的店铺。这种线下引流方法不仅可以为店铺带来更多顾客，还可以大大提高店铺的曝光率。

在具体操作过程中，店主如何获取微店或微信二维码呢？

1. 微信二维码

首先打开微信。在微信页面中，点击下方菜单栏中的“我”。进入到“我”

的页面后，店主需要点击自己的头像（见图 4-26）。在个人信息页面中会看到很多功能设置，比如头像、昵称、二维码名片等，点击“二维码名片”（见图 4-27）。

图 4-26 点击自己的头像

图 4-27 点击“二维码名片

进入二维码名片页面，会看到自动生成的个人微信二维码。如果不喜欢这个二维码图案，可以点击右上角的三个点（见图 4-28）。这时，页面会出现四个选项，分别是分享二维码、换个样式、保存到手机和扫描二维码。点击“换个样式”（见图 4-29），二维码名片页面上会显示新的二维码图片。继续点击“换个样式”，还会变换出新的二维码图片，直到自己满意为止。

微信二维码图案选定后（见图 4-30），可以点击右上角三个点，再点击“保存到手机”（见图 4-31）。这样就将微信二维码保存到手机中了，店主可以到自己的手机相册中查看。

2. 微店二维码

打开微店 APP，进入微店主页面，店主需要点击“微店”（见图 4-32）。在微店管理页面中，页面下方菜单栏中会看到“二维码”，点击它即可（见图 4-33）。

图 4-28 点击三个点

图 4-29 点击“换个样式”

图 4-30 已选定的微信二维码图案

图 4-31 点击“保存到手机”

图 4-32　点击“微店”

图 4-33　点击“二维码”

这时店主会看到自动生成的微店二维码图片，可以点击页面下方的下载功能（见图 4-34），这样就将微店二维码保存到自己的手机中了。在手机相册中，可以看到已保存的微店二维码图案（见图 4-35）。

以上是下载微信或微店二维码的操作方法。掌握这些流程后，店主就可以轻松获取微信或微店二维码图案了。有了二维码图案，店主就可以定制二维码粘贴纸，并将其粘贴在商品包装盒上，这样顾客就可以通过微信或微店二维码进入到店铺中了。

4.4.3 积极参加集体活动，主动与他人交朋友

在微店实际运营中，其实每个人都有可能成为你的顾客。而人越多的地方，店主发展顾客的机会越大。因此店主要积极参加各项集体活动，主动与他人说话，添加好友，这同样是一个重要的线下引流方法。

有集体活动的地方，是人群主要聚集地，比如旅游活动、亲子活动、文艺表演活动等。参与这些有明确主题活动的人，都有同样的兴趣爱好。

图 4-34 点击下载功能

图 4-35 微店二维码图案

如果店主能够参加并融入集体活动中，那么很可能就会认识到有潜在需求的顾客。退一步讲，即便这些人暂时没有消费需求，也能借助这些机会更好地了解我们的潜在目标顾客。

通过这些集体活动，当我们与别人彼此建立了一种互相信任的关系之后，再向他人推荐自己的店铺就容易多了。即使他们暂时没有立即购买你的商品，但只要有需求，就有可能进入你的店铺购买，甚至还会帮你做推广。

4.4.4 与其他店铺联盟，互推好友

一个人的能力毕竟有限，仅靠个人单打独斗，是无法获取巨大成功的。如果店主懂得与他人合作，善于借助他人的力量，与其他店铺联盟，互推好友来增加店铺访问量，那么同样可以带来流量。

在寻找合作商家时，店主需要注意的是，合作伙伴经营的商品最好是与自己主营商品配套或互补的，这样一方面没有利益冲突，另一方面，在没有利益冲突的前提下，大家合作起来会更愉快，也更容易达到引流的目的。

有了盟友后，大家可以坐在一起，共同协商并策划引流方案。比如，可以将各家的爆款单品列在一张小卡片上，并将这张卡片粘贴在各自新老顾客的包裹上。如果顾客对卡片上的商品感兴趣，扫码即可进入店铺购买。这种互利共赢的引流方法，同样值得各位店主一试。

第5章

CHAPTER FIVE

多渠道推广，获取精准粉丝的途径

在微店引流过程中，线上线下推广是必不可少的重要环节。利用各种推广渠道，将品牌信息精准地传达给顾客，会使店铺的品牌宣传变得更快、更及时，同时也会吸引更多的顾客关注。因此，店主应做好多渠道推广工作。

5.1
品牌基础推广的三种方式

做微店就是要将自己的产品销售出去，要想达成这一目标，店主必须做好品牌基础推广工作。

在进行品牌推广时，可以选择的推广平台有很多，比如百度百科、新浪问答等。这些平台各有各的特点，店主可以根据自己的需求，从中选择一个或几个适合自己的推广平台，好好经营，这样通常能达到不错的推广效果。

5.1.1 百科类推广

百度百科拥有较高的权威性，很多店主都喜欢在百度百科中建设词条，以达到推广的目的。

利用百度百科进行推广时，一定要先注册成为“百科”用户，才能享受“百科”的相关服务。然后，店主需要熟悉百度百科的规则，并按其规则进行推广；最后，店主需要在内容中添加自己店铺的链接或联系方式。

想要成功创建百度百科词条，可以在创建时间超过一周的词条中进行编辑，适当地扩充一些内容，并在词条中添加相关链接，这样能够大大提高词条的通过率。

由于百度百科的账号等级越高，通过率越大，所以店主平时要多注意账号的升级和维护。一旦在百度百科中成功设置了一个店铺链接，它的推广效果要比你在问答类平台好很多倍。

如何在百度百科建立品牌词条呢？

首先，在搜索框中输入“百度百科”，才能进入百度百科首页（见图5-1）。

图5-1 百度百科首页

图5-2 点击“创建词条”

在百度百科首页的下拉页面，找到“我来试试”版块，并点击“创建词条”（见图 5–2）。

进入创建词条引导页面后有两个选项，一种是“提升创造成功率，贴心引导看这里”，另一种是“百科资深用户，无需引导直接编写”。如果是初次在百度百科创建词条，不知道如何建立，可以选择第一种（见图 5–3）。

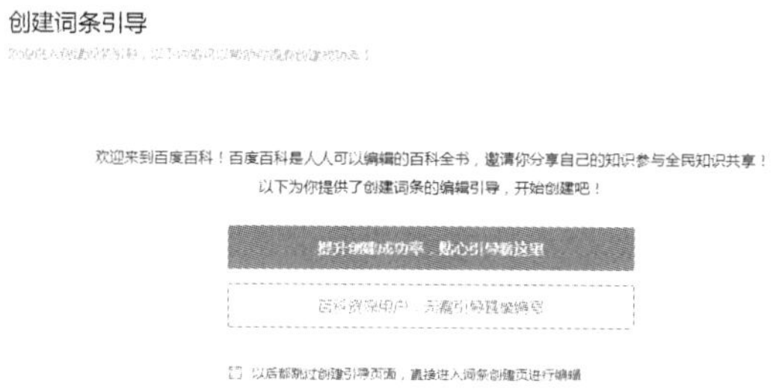

图 5–3 点击“提升创造成功率，贴心引导看这里”

在创建词条引导页面中（见图 5–4），会看到有关“声明”的内容。需要先阅读此内容，才能掌握建立百科词条的规则，知道有关词条的概念，选择你所创造词条的类型，知道内容该如何编写，明白参考资料的重要性。

了解了创建词条的所有难点和关键点后，点击“创建我的词条”按钮（见图 5–5），就可以编辑你的词条内容了。

图 5–4 创建词条页

图 5-5 点击“创建我的词条”

在创建词条页面上，店主需要输入词条名。输入完毕，点击蓝色按钮“创建词条”（见图 5-6）。

图 5-6 点触“创建词条”

随后页面会弹出“编辑词条模板”界面（见图 5-7）。在这个界面上，需要根据自己推广的商品选择一个合适的模板。选定后，右边会出现一个边框，这是系统给店主的一个目录建议。如果店主觉得这个意见可行，可以将其应用到正文中。然后点触蓝色按钮“确定”，就会在编辑百科页面中看到你已选定的词条模板了。

在编辑百科页面中，店主需要编辑词条的“概述”部分（见图 5-8）。在这里，店主不仅需要上传相关图片，使创建的词条看起来更可信、更直观，

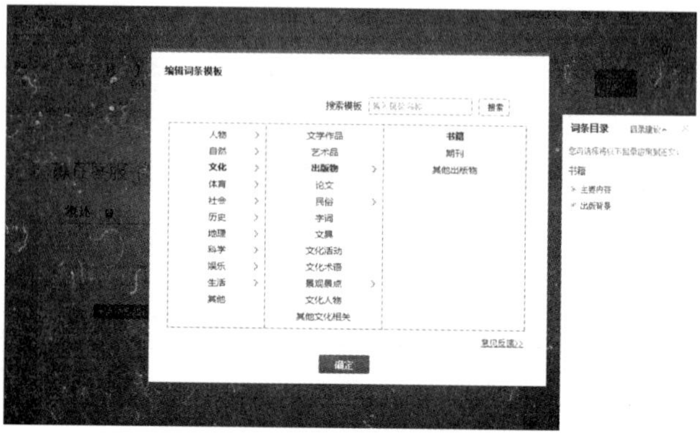

图 5-7 “编辑词条模板”界面

图 5-8 编辑“概述”

而且要编辑“概述”的内容，即图片描述。在填写内容时，应注意字数不能超过 600 字。

在基本信息栏中（见图 5-9），需要按照项目说明进行填写，若某项不适合当前词条可留空。

接下来需要填写正文内容（见图 5-10）。如果不知道如何填写，可以参照左边的词条建议进行操作。如果知道如何操作，可以根据自己的需求直接填写。

最后，还需要添加权威的参考资料（见图 5-11）。它能证明词条内容的真实性，也是成功创建的最关键一步。

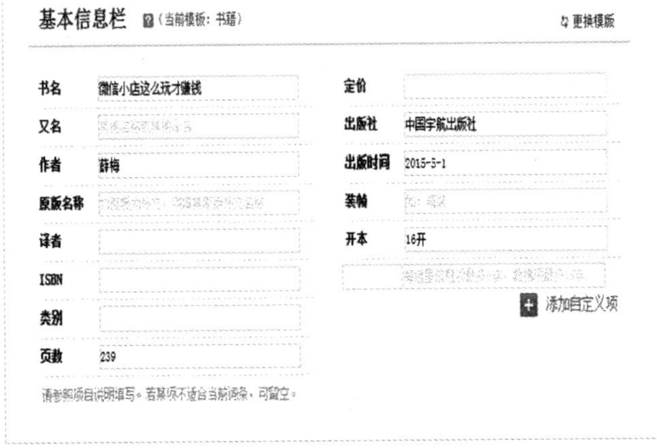

图 5-9 基本信息栏

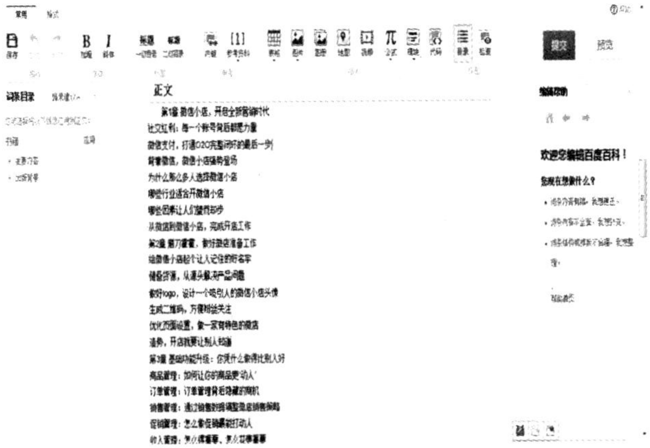

图 5-10 填写正文内容

图 5-11 添加参考资料

添加完词条内容后，可以直接点击右上角蓝色按钮“提交”（见图 5-12）。

这时页面会显示“您的版本已经成功提交”，这说明你已完成词条的创建（见图 5-13）。不过这并不代表你已经成功创建，因为只有经过百度百科平台审核通过，才能表明词条创建成功。

以上是创建百度百科词条的基本操作。掌握这些流程后，店主可以快

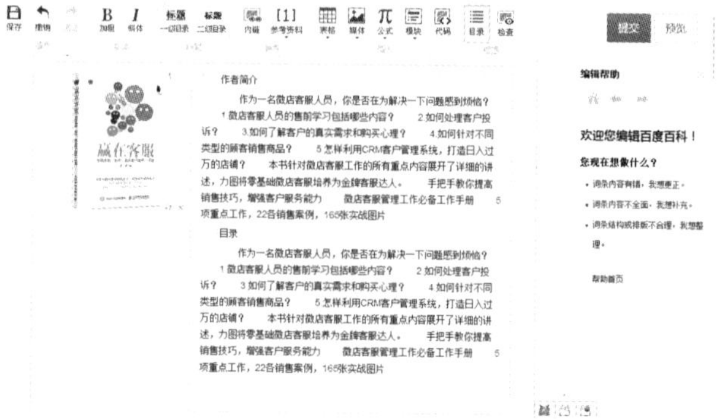

图 5-12 点击“提交”

图 5-13 完成词条的创建

速创建属于自己的百度词条。进行百度词条推广时，不要局限于一种形式，只要是有效、合法的网络推广，店主都可以运用。

5.1.2 问答类推广

问答推广是网络推广的一种重要推广方式，它可以提升店铺的知名度，因而也是店主做推广的一个重要方向。

问答类推广平台有很多，比如百度知道、天涯问答等。这些问答类推广网站都有比较高的权威性，很多人会在这些地方提出自己的问题，因此店主应该好好利用这些问答类平台。

在回答他人问题时，可以巧妙地附上自己的产品介绍或者微店联系方式，一般来说会获得不错的推广效果。

要想在问答类平台进行引流推广，店主需要知道哪些问答平台适合做推广（见表 5-1），以及它们都有什么特点，如何操作等。当店主充分掌握了它们的推广方法后，就能更好地推广微店了。

表 5-1 问答类平台

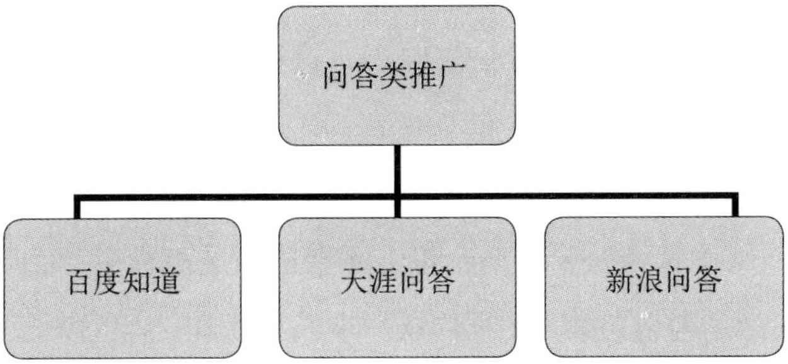

1. 百度知道

在百度知道中，如果店主有技巧地参与提问和回答问题，不仅可以增加店铺的访问量，还可以增加店铺在搜索引擎中的曝光次数。

不过，在百度知道做问答推广之前，店主首先要了解自己的产品和服务，并列出跟产品有关的问题，同时也要准备相应的答案。

其次，店主提出的问题中，最好包含一些搜索频率较高的关键词。

再次，店主要学会站在顾客的立场上思考问题，并用顾客的口吻来提问。提问的字数最好控制在 15 字以内，以免因字数超限而无法通过审核。

在回答问题时，店主要尽量说得详细些，而且要有逻辑性。这样便于顾客理解，在提高用户体验的同时，还能获得一个好的排名。

最后，店主一定不能忘记附上自己的微店链接或联系方式，以便别人有需求时可以快速找到你。

由于百度知道的账号级别越高，店主发链接和图片通过审核的概率就越大，因此店主平时要多回答他人的问题，并以此来提高账号的等级。这样就能增加账号在平台的信任度，提高审核通过率。

2. 天涯问答

在天涯问答上推广店铺或商品很方便，可以随意发链接，也可以直接贴个链接，没有任何限制。唯一美中不足的是，天涯的回答是评论形式，如果一个问答下面有很多人回复，你的回答就会被其他回答压下去，这样会导致很多人看不到你的回答。这样的推广效果确实有些差强人意。

3. 新浪爱问

在新浪爱问做推广，店主可以直接发链接，也可以添加附件。附件里可以添加自己的微店连接或微信二维码，这样在回答别人问题的同时，店主也完成了店铺的推广。

以上是三种问答类平台的推广方法。了解这些平台后，店主可以根据自己的需求，从中选择一个或两个以上平台进行重点推广。

总之，在微店经营过程中，推广是一项长期工作，店主需要不断地发现、总结，才能找到适合自己的推广方法。推广工作要每天坚持做，这样推广效果就会越来越好。

5.1.3 垂直社区推广

对于店主来说，知乎、豆瓣等老的垂直社区，虽没有社交平台推广效果好，但这些老的垂直社区的推广作用依然不容忽视。这些社区经过多年的沉淀和积累，拥有较强的权威性，而且用户黏性和品牌效应都很强，只要方法得当，利用这些老的垂直社区，一样可以取得不错的推广效果。

老的垂直社区有哪些，它们各自又有哪些特点呢？（见表 5-2）

表 5-2 垂直社区

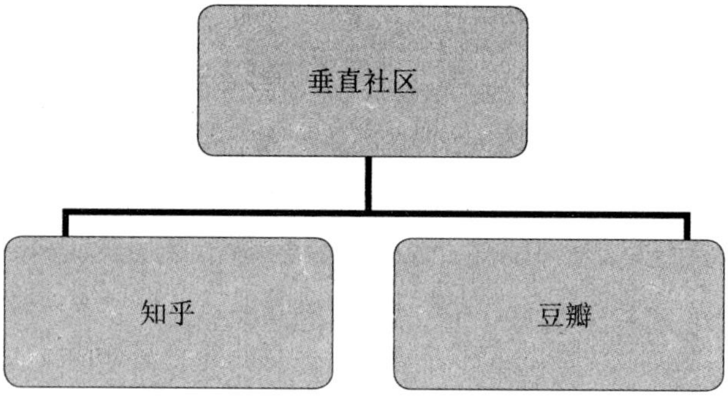

1. 知乎

实际上，店主在知乎上进行推广很容易，可以发送店铺链接以及其他推广信息，还可以自问自答，甚至可以在别人热门提问下留下自己的答案和店铺链接，这样在无形中会增加店铺的曝光率。

在知乎上发链接很简单，发完链接后，它会自动生成锚文本链接。虽然知乎的审核没有百度知道严格，但店主发的帖子同样会被筛选。因此在知乎上做推广时，店主可以根据内容发链接。

不过，如果店主随便发送一个链接，是无法给店铺带来多少流量的。但如果你发送的内容很专业，链接就比较容易保留，也能给店铺带来较高的流量。

2. 豆瓣

豆瓣是一个以兴趣爱好为基础的互联网社交平台，拥有非常庞大的活跃用户群体。该网站每天都会产生成千上万个话题，聚集了各种各样的人群，每个人都能在这个网站中找到自己喜欢的主题，同时也会找到与自己志趣相投的人。它的环境比较开放、自由，而且黏性很高，比较适合广大店主用来推广微店。

在豆瓣网中，活动群体大多都是80后、90后。这些人群遍及各个行业，而且拥有较高的购买力。店主推广的商品只要与“艺术、健康、娱乐、衣食住行”相关，就可以选择在豆瓣网中进行推广。

另外，在豆瓣小组中发外链很容易，它就像一个论坛，只要你发起的话题足够吸引人，就会在带来大量人气的同时，为你的店铺带来一定的流量，而且顾客转化率比较高。店主可以自建小组发帖推广，也可以在别人的小组里发帖推广。只要发起的内容有价值，就能收到不错的推广效果。

以上是垂直社区推广的几种渠道。了解它们的特点后，店主就知道如何利用它们进行推广了。不过，在选择平台过程中，店主一定要知道自己的目标顾客主要聚集在哪个平台。目标顾客在哪儿，就应该选择在哪个平台进行推广，只有这样，才能让推广工作事半功倍。

5.2 微店自身拥有的五个推广功能

开店之初，没人气、没流量、没订单，这是每个店主都头疼的一个难题。之所以出现这个问题，自然和微店推广不力有很大关系。

实际上，微店自身有很多推广功能，比如分成推广、友情店铺等。每个推广功能都有各自的特点，店主们只要灵活运用这些推广功能，并坚持下去，就一定能取得引流推广的效果。

5.2.1 分成推广，让推广者帮你推广

在推广店铺过程中，店主仅靠自己推广不仅辛苦，而且推广效果也未必好。如果能发动广大微店爱好者去推广，那是再好不过的了。店主可以通过微店的分成推广功能，设置一定比例的佣金，充分调动广大微店爱好者的推广积极性，为自己的商品和店铺做推广。即使没有成交的订单，也能增加店铺的曝光率。

如何利用微店的分成推广设置佣金比例，让推广者帮你推广呢？

首先打开微店 APP，在微店主页的第二页中，会看到“营销”的标志，点击它（见图 5-14）。进入“营销推广”页面后，会看到很多功能设置，

图 5-14 点击“营销”

图 5-15 点击“分成推广”

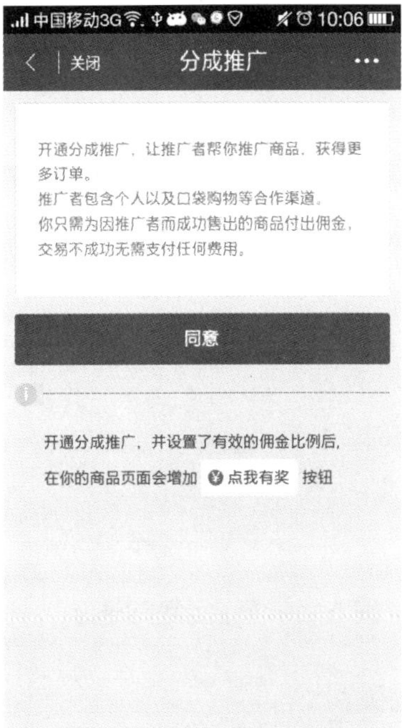

图 5-16 “分成推广”页面

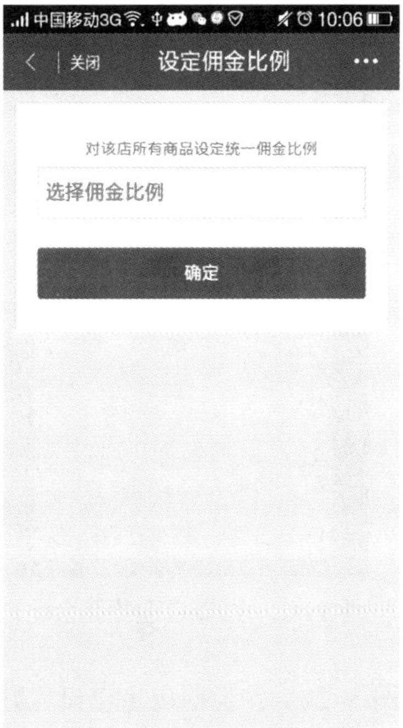

图 5-17 “设定佣金比例”页面

比如满减、秘密优惠、分成推广等，找到并点击“分成推广”（见图 5–15）。

在“分成推广”页面中（见图 5–16），会看到有关分成推广的说明。阅读完毕后，可以点击红色按键“同意”。进入“设定佣金比例”页面后（见图 5–17），需要选择佣金比例，它会对该店所有商品设定统一的佣金比例。设置了佣金比例后，可以点击“选择佣金比例”。

这时页面会显示很多佣金比例选项，店主可以根据自己的实际情况，从众多佣金比例中选择合理的佣金比例（见图 5–18），直接点击它就可以。选定佣金比例后（见图 5–19），在设定佣金比例页面中，店主会看到已选择好的佣金比例，点击红色按键“确定”。

这时页面会弹出一段提示“确定时所有商品设定佣金比例 10%”，店主需要在“否”和“是”两个选项中作出选择。如果店主确定设定该佣金比例，可以点击“是”（见图 5–20）。随后就会看到页面显示“佣金比例设置成功”

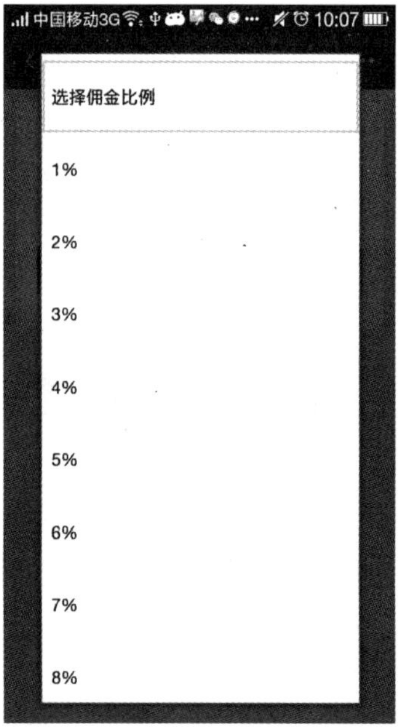

图 5–18　选择合理的佣金比例

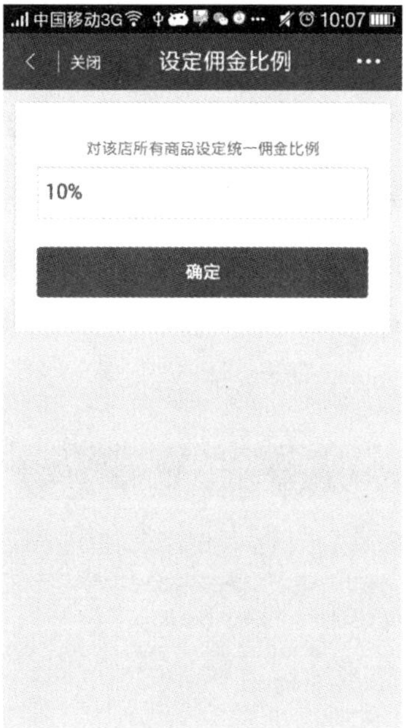

图 5–19　佣金比例已选定

（见图 5–21），说明店主已设置好佣金比例。

然后系统会自动跳转至“分成推广”页面（见图 5–22）。在这个页面上，会看到目前已设定的佣金比例以及开启时间。当然，店主随时可以根据自己的需求修改佣金比例或取消分成推广。

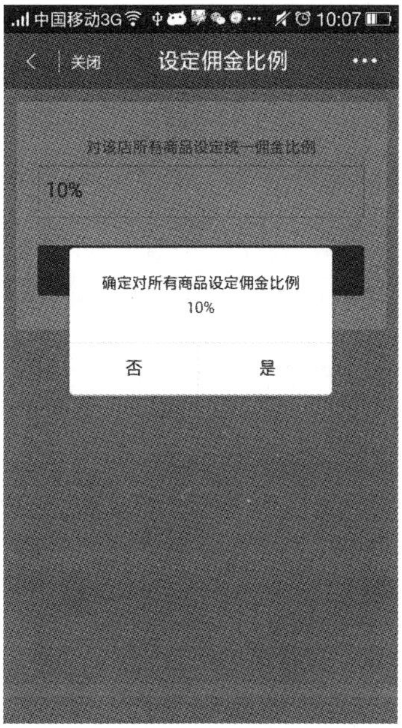

图 5-20　点击“是”

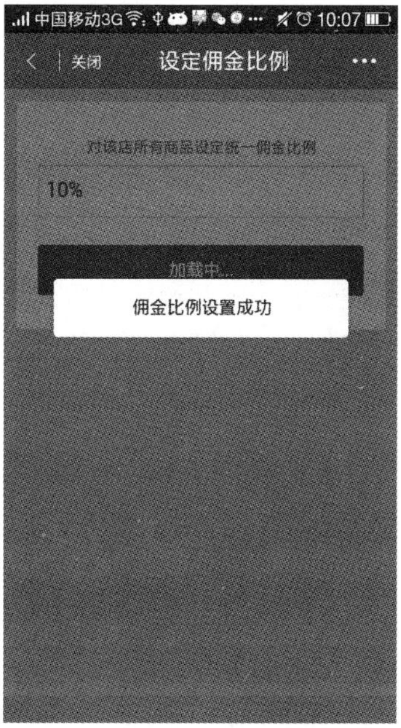

图 5-21　佣金比例设置成功

图 5-22　“分成推广”页面

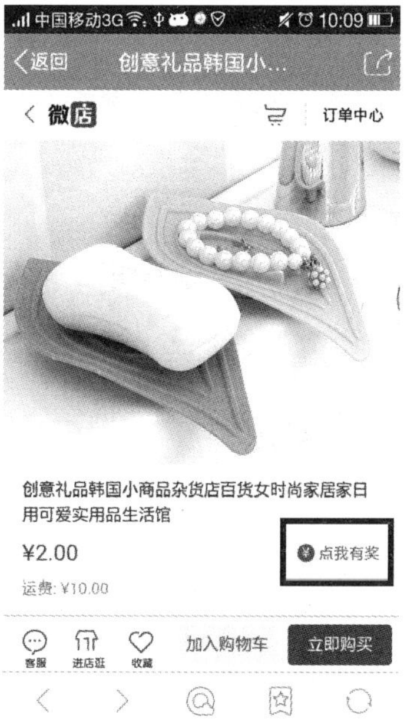

图 5-23　点击“点我有奖”

设定好佣金比例后，推广者就可以根据自己的实际情况，在店铺中选择并点击其中一款商品。在该商品详情页面中，能够看到红色字体“点我有奖”，点击它就可以进行推广了（见图 5-23）。

接下来，推广者需要输入自己的手机号。这个手机号用来生成推广者唯一的标识链接，同时也是领取奖励的唯一凭证，因此推广者输入的手机号必须是自己的。对于这一点，在必要的时候，店主可以告诉推广者。

推广者输入完手机号后（见图 5-24），点击红色按键“确定”，这时页面会显示自动生成的标识链接。推广者点击右上角的“分享”按钮（见图 5-25），并选择合适的推广渠道，就可以将该商品推广出去。

图 5-24 输入手机号

图 5-25 点击“分享”按钮

如果店主想了解店铺“分成推广”的推广效果，可以从“分成推广报表”中查看（见图 5-26）。如果店铺内没有推广者为自己做推广，或许是推广者很少，店主就要分析其中的原因。如果是因为分成推广的佣金比例太低，就要适当地调高佣金比例，以此来吸引更多的推广者为自己做推广。

以上是利用“分成推广”设置佣金比例的基本操作。了解这些操作流程，

图 5-26 分成推广报表

店主就能快速设置佣金比例。佣金比例设置好后，如果推广者卖出去一件商品，店主获得的商品收入将是原价 ×（1- 佣金比例）。比如，商品原价 200 元，佣金比例 10%，那么通过有奖转发卖出去的这件商品，店主只能收到 180 元的价款。

一般来说，佣金比例越高，越容易吸引推广者做推广，店铺的生意肯定也会越好。但店主也要量力而行，以免佣金过高，影响整体的利润收入。

5.2.2 友情店铺，增加店铺曝光率

店铺没有人气，自然就没有生意。在这种情况下，店主就要想方设法曝光自己的店铺，让更多的人知道自己的微店。实际上，在店铺起步阶段，店主可以利用友情店铺来解决这个问题。利用友情店铺可以扩大自己店铺的知名度，具有一定的推广效果。

不过，友情店铺最多只允许添加 10 个，所以店主要做到资源优势最大化，在选择友情店铺时，必须做到以下几点。

1. 关注友情店铺的信用和特色

首选那些信用级别高的友情店铺。除此之外，还要看对方的店铺是否有特色。比如珠宝专卖店等，这种商品类型的专卖店是首选。如果对方的信用记录里中差评比较多，就算是钻石级别的店铺，也不能添加对方，要“宁缺毋滥”。

2. 不要添加同行为友情店铺

对方是同行，或许对方的友情店铺中已有同行，店主都不能添加对方为自己的友情店铺，除非你的店铺比对方的友情店铺有明显的竞争优势。

3. 选择与自己店铺商品配套的友情店铺

比如对方店铺售卖的是服装，而你售卖的是袜子，这样顾客在购买服装的同时，如果对你的店铺感兴趣，就有可能进店顺便购买几双袜子等。

4. 添加对方时，要先了解对方的人品

可以通过聊天或从对方的店长笔记中，看出对方的人品和性格。如果觉得对方的人品不太好，则不必和对方互加友情店铺，以免让顾客认为你们是物以类聚，继而不关注你的店铺。这样的友情店铺不会给自己带来任何价值。

做到以上几点后，基本上就掌握了添加友情店铺的要点。

如何添加友情店铺呢?

首先，打开微店 APP，在微店主页第二页中点击“营销”，并在营销推广页面中点击“友情店铺”（见图 5-27）。进入“友情店铺”页面后，会在页面下方看到四个选项，分别是“添加”“管理”“统计”和“动态”。当然，首先进入的是“添加友情店铺”。在这个页面上，店主可以在搜索框中输入店铺名称、店铺网址或 ID（见图 5-28）。

如果店主没有友情店铺的网址或 ID，可以根据自己的需求，输入店铺名称关键词，以便搜索到精准的加盟对象。输入完店铺名称关键词后（见图 5-29），可以点击“确定”，这时页面下方会显示很多友情店铺。店主可以根据自己的需求，从众多店铺中选择一个合适的友情店铺（见图 5-30）。当然，店主也可以先点击某一店铺，了解该店铺的情况，再做是否添加该店的决定。

图 5-27 点击“友情店铺”

图 5-28 输入店铺名称、店铺网址或 ID

图 5-29 店铺名称关键词已输入

图 5-30 选择合适的友情店铺

点击并进入某一店铺后（见图 5-31），可以充分了解该店铺的具体情况，比如店铺登记、收藏人数等。根据这些数据，可以充分了解该店铺的实力。

如果店主觉得该店铺与自己店铺实力相当，甚至比自己店铺还要好，就可以点击该店铺的添加按钮。

这时页面会出现一段提示信息“加好友成功，请等待对方验证”（见图 5-32）。该店铺右侧的添加按钮会自动变成灰色字体“等待验证”，这说明店主已添加对方为友情店铺，但需要经对方同意后，才能真正添加上对方。

图 5-31 进入某店铺

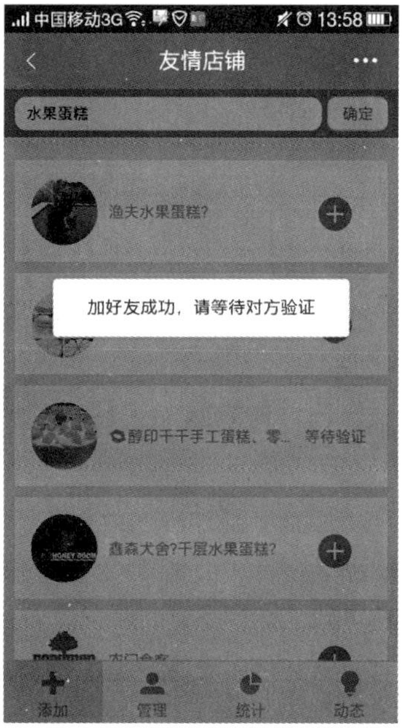

图 5-32 提示信息

当然，如果对方已同意你的请求，店主可以在“管理友情店铺”页面中看到已添加成功的友情店铺（见图 5-33）。

另外，除了自己主动添加对方为友情店铺外，店主也可以在“友情店铺动态”页面中（见图 5-34），看到众多主动添加自己的友情店铺。店主可以根据自己选择友情店铺的条件，决定拒绝或接受对方的请求。

不管是你主动添加他人，还是同意他人添加友情店铺的请求，只要双方互相添加成功，店主就能在对方店铺下方的友情店铺里看到自己的店铺

（见图 5-35）。当然，顾客也是如此。如果店主想了解友情店铺为自己带来多少顾客，可以在“友情店铺统计”中查询（见图 5-36）。

图 5-33 已添加成功的友情店铺

图 5-34 “友情店铺动态”页面

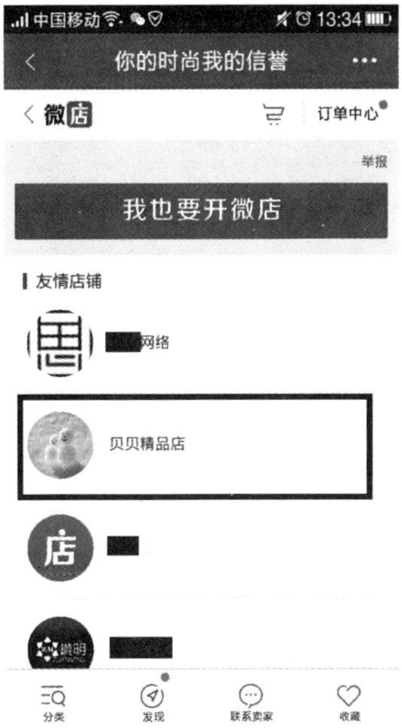

图 5-35 对方友情店铺中会显示自己的店铺

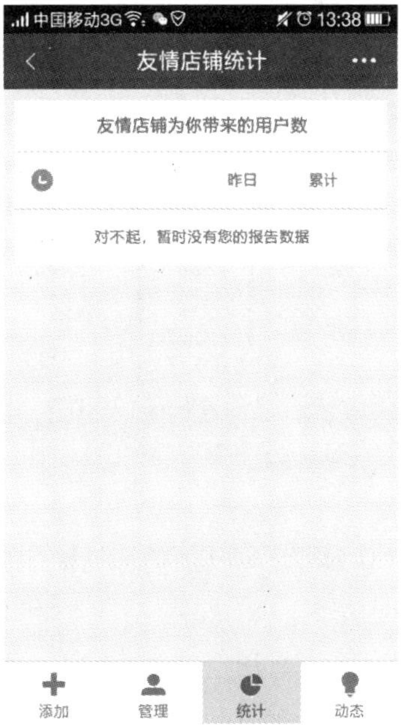

图 5-36 友情店铺统计

以上是添加友情店铺的基本操作。掌握这些流程后，店主就能根据自己的实际情况，添加适合自己的友情店铺，并根据友情店铺的相关数据，分析并判断店铺内有多少收入是由友情店铺带来的，哪些友情店铺为自己带来了巨大的价值，哪些友情店铺没有为店铺带来任何价值。这样店主就可以决定是否继续与对方合作，以便充分发挥友情店铺的推广效果。

5.2.3 微客多，精准的商品推广

2016 年 1 月 21 日，微客多正式上线，它是微店商家专享的精准广告系统，是为微店卖家量身定制的按点击付费的营销工具，主要面向口袋购物、微店买家版、今日半价等上千万站内用户以及数亿站外微信用户。店主可以通过开通微客多，进行精准的商品推广。

开通微客多需要满足三个条件。

第一，开通担保交易。

第二，在售商品数不能少于 5 件。

第三，近 30 天完成 5 笔已经提现的订单。

图 5-37 点击“微客多”

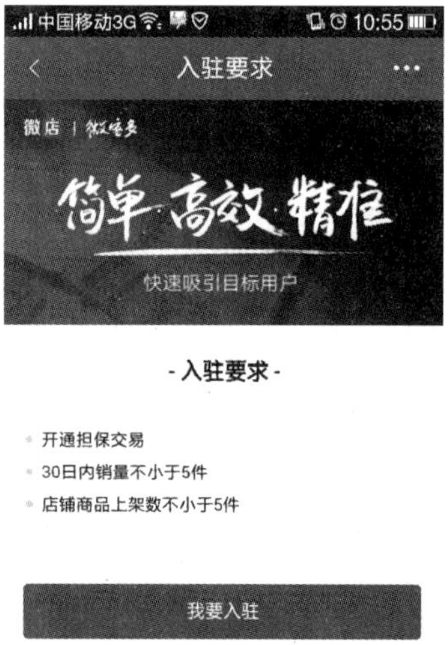

图 5-38 点击“我要入驻”

如果店铺符合这个条件，就可以点击微店“营销”中的“微客多”（见图 5-37），并在“入驻要求”页面中，点击红色按键“我要入驻”（见图 5-38），开通该功能。

进入“微客多”页面后（见图 5-39），会看到有关微客多的相关功能设置，比如账户余额等。由于微客多是按点击量收费的，因而店主在推广商品前需要先充值，然后再点击页面下方的“新增广告计划”。

在“新增广告计划”页面中，店主需要输入很多信息，包括计划名称、每日限额、投放日期、投放时段以及投放渠道。其中，计划名称是对每个广告计划进行标识，即所选推广商品的名称；每日限额是广告计划每日最大消耗，一般来说，微店渠道最低日限额为 10 元，而微信渠道最低日限额为 200 元。输入完计划名称和每日限额后（见图 5-40），就可以选择投放日期了。

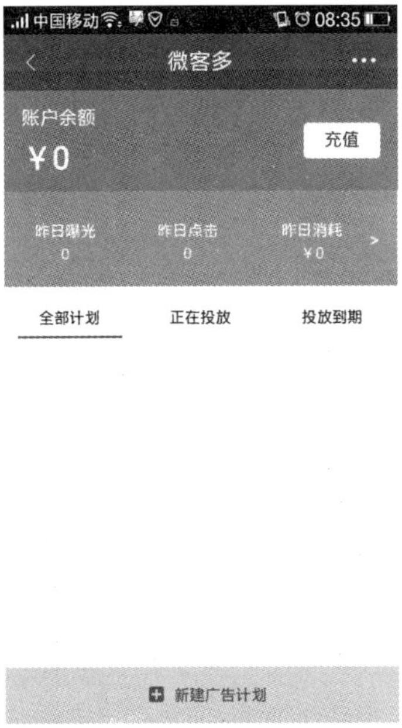

图 5-39 “微客多”页面

图 5-40 计划名称和每日限额已输入

点击投放日期后，店主需要选择投放日期的开始时间（见图 5-41），并按此操作选择好投放日期的结束时间。投放日期选择完毕后，选择投放

图 5-41 择投放日期的开始时间

图 5-42 点击“下一步”

时段和投放渠道，并点击红色按键“下一步”（见图 5-42）。

进入“广告商品列表”页面后，店主需要从众多商品中选择其中一款商品，将其作为推广商品（见图 5-43），点击它就可以。然后在“添加广告商品”页面中，需要在点击单价下面的框中，输入广告被点击一次支付的金额（见图 5-44），并点击红色按键“完成”。

这时页面会显示“广告商品添加成功”（见图 5-45），说明店主已成功在某渠道添加需要推广的商品了。然后店主可以根据自己的需求选择“继续添加商品”或“回到首页”。

广告商品添加成功后，店主可以在“微客多”页面中看到已建好的广告商品（见图 5-46）。点击该广告商品，就能在“广告计划详情”页面中（见图 5-47）了解该商品的推广情况，比如昨日曝光、昨日点击等。

以上是入驻微客多的基本操作。了解这些流程后，店主若满足入驻条件，就能顺利开通此功能。入驻微客多时，店主必须根据自己的实际情况，选择合理的点击单价和推广渠道，这样才能大大增加精准推广商品的效果，

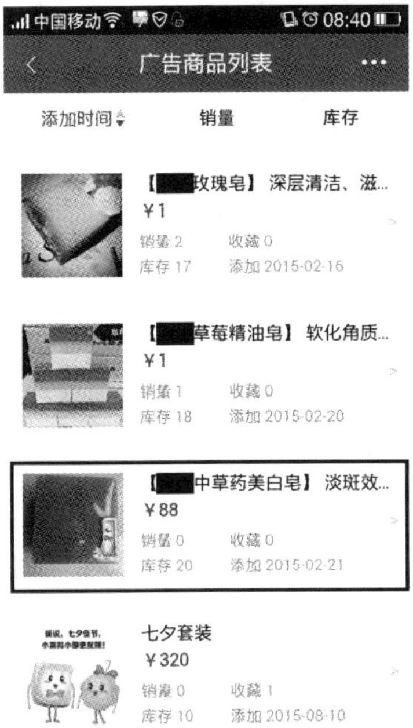

图 5-43 选择需要推广的商品

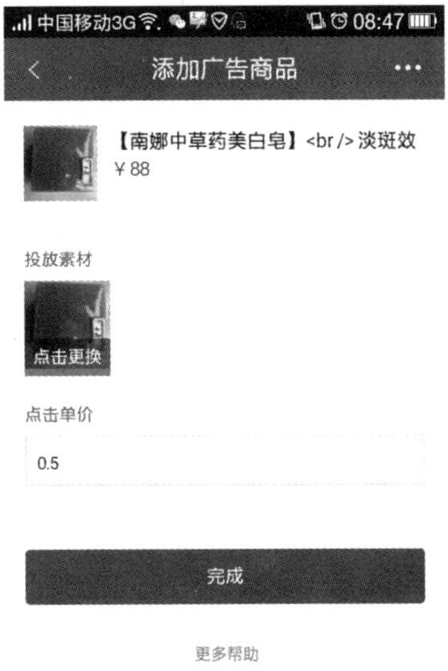

图 5-44 输入广告被点击一次的金额

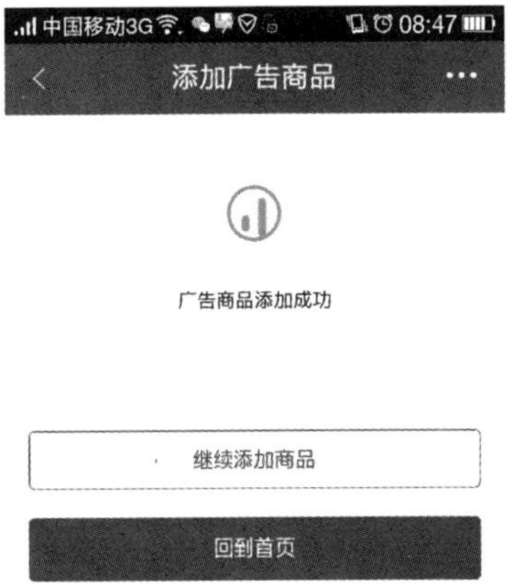

图 5-45 广告商品添加成功

图 5-46 已建好的广告商品

图 5-47 广告计划详情页面

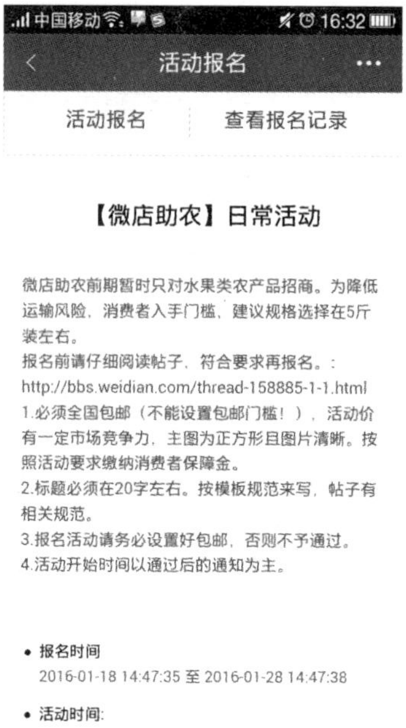

图 5-48 【微店助农】日常活动

提高顾客转化率。

5.2.4 活动报名，获得优质流量

微店的营销工具有很多，而“活动报名”就是一个不错的推广工具。店主可以根据自己的商品特点，选择合适的活动进行报名。一旦审核通过，自己的商品就会在相应的平台中展示，为店铺带来大量优质流量。店主必须要好好运用“活动报名”，以充分发挥它的作用。

如何使用“活动报名”进行推广呢？

打开微店，在微店主页第二页中点击“营销”。进入“营销推广”页面后，需要点击“活动报名”。

在“活动报名”页面中，会看到很多活动，比如【微店助农】日常活动、【微店买家版】果味儿年等（见图 5-48）。这些活动都是有报名条件的，店主选择时，需要根据自己经营的商品特点，从众多活动中选择一个合适的活动进行报名。

如果店主符合某活动的报名条件，就可以点击该活动下方的红色按键

“报名”（见图 5–49）。进入活动详情页后（见图 5–50），会看到活动的具体要求。阅读完后，点击页面下方的“选择商品”按钮。

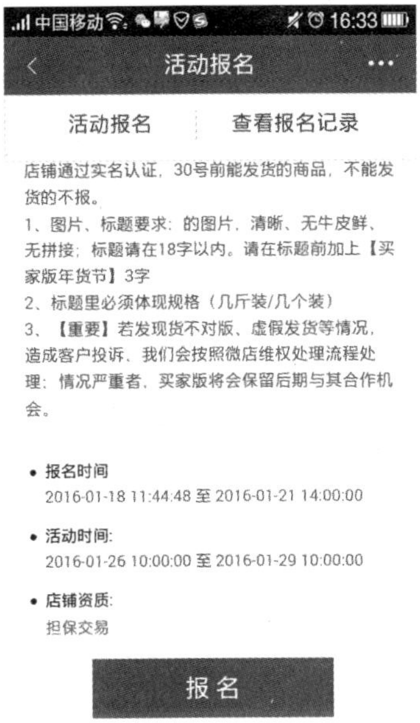

图 5–49 点击“报名”

图 5–50 活动详情页

在“选择商品”页面中，店主需要从众多商品中选择符合活动报名条件的商品，直接点击该商品下方的“报名”（见图 5–51）。

进入活动设置页面后（见图 5–52），店主需要填写活动信息，比如活动开始时间、活动结束时间、活动特价等。

首先，店主需要选择活动开始时间，可以直接点击它。

这时会弹出一个活动开始时间页面，店主需要根据自己的需求，在这个页面上上下滑动数字，选择一个合适的活动开始时间（见图 5–53），再点击“确定”。这时，在活动设置页面，店主会看到已设置好的活动开始时间（见图 5–54）。

接下来，店主需要按照设置活动开始时间的操作方法，选择一个合适的活动结束时间，并输入一个合理的活动特价（见图 5–55）。由于活动促销方式要求勾选包邮，所以店主需要向右移动促销方式（包邮）按钮，并

图 5-51 点击“报名”

图 5-52 活动设置页面

图 5-53 选择活动开始时间

图 5-54 活动开始时间已设置

根据自己的需求勾选包邮范围，即偏远地区是否包邮。此选项勾选完毕后（见图 5-56），可以点击红色按键“确定”。

图 5-55 输入活动特价

图 5-56 勾选促销方式（包邮）

这时页面会弹出一段提示“活动审核通过后，商品信息将会被锁定，无法再进行修改。如需修改，将会被撤出活动。请确认是否现在就提交进行报名”（见图 5-57）。店主决定报名，可以点击“确定”。

在“报名成功”页面中，会看到“报名已提交成功”（见图 5-58），说明店主已报名成功。等微店平台审核通过后，店主报名的商品就会展示在平台上，这样在无形中会增加店铺的曝光率。

以上是参与活动报名的基本操作。掌握这些流程后，店主就能根据自己经营的商品特点，选择一个合适的活动进行报名。店主提交报名后，微店平台系统需要根据你所提交的内容进行审核。一旦审核通过，你的商品将不能再进行其他形式的促销，原有的限时折扣也会被取消。总之，活动报名是一个获取优质流量的推广渠道，店主应好好利用。

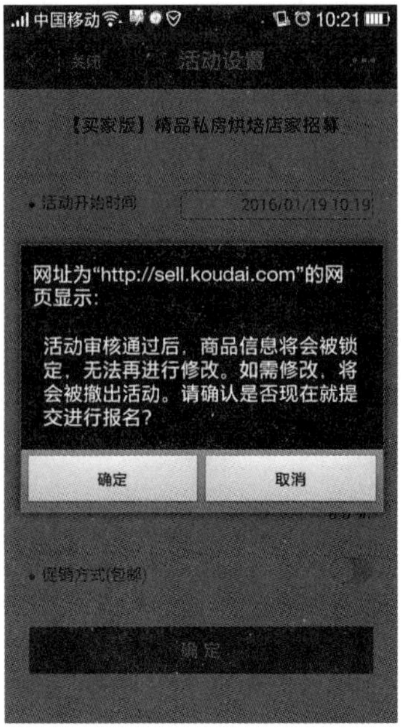

图 5-57 提示信息

图 5-58 报名已提交成功

5.2.5 聊天公告，向目标顾客推荐商品

在微店中，由于店主与顾客无法面对面进行交谈，也无法预知顾客何时会突然进店，想要留住顾客，店主可以在“聊天公告”中设置有关商品促销的信息。顾客进店后，想与店主取得联系，就会看到自动回复的聊天公告信息。如果顾客对促销商品比较感兴趣，很有可能会留在店铺中继续浏览商品。

如何通过“聊天公告”进行推广呢?

首先，打开微店 APP，点击页面右下角的“设置”（见图 5-59）。在“设置”页面中，店主会看到很多功能设置，比如账号管理、搬家助手、聊天公告等，点击“聊天公告”（见图 5-60）。

进入“聊天公告”页面后（见图 5-61），可以在聊天公告栏中输入店铺内某商品的促销信息以及该商品链接，并点击右上角“完成”。这样，店主就将“聊天公告”设置好了。当顾客进入店铺，有事想咨询店主，点击“联系卖家”，便可以在“聊天消息”页面中看到店主已设置的“聊天公告”信息（见图 5-62）。

图 5-59 点击“设置”

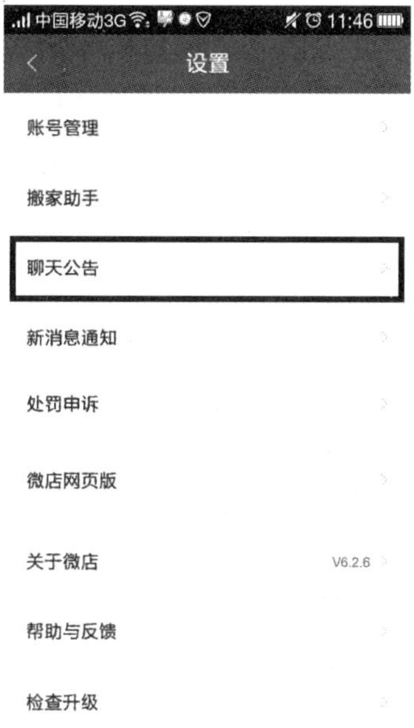

图 5-60 点击“聊天公告”

图 5-61 “聊天公告”页面

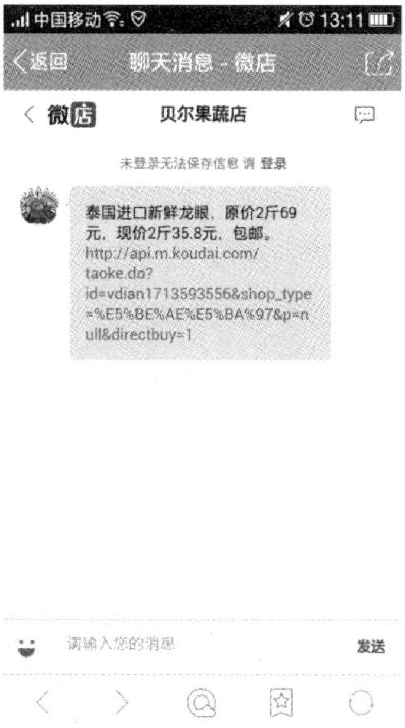

图 5-62 “聊天公告”信息

如果顾客对聊天公告信息比较感兴趣，就会点击该商品链接，直接进入到该商品详情页面（见图 5-63），了解更多有关该商品的信息。

图 5-63 商品详情页面

以上是设置“聊天公告”的基本操作。了解这些流程后，店主可以很快设置好“聊天公告”。设置好“聊天公告”后，只要有顾客咨询，就能看到店主已设置好的自动回复信息。如果信息足够吸引人，能吸引大量顾客点击，这样的推广方式是值得广大店主尝试的。

5.3 线上推广的五个渠道

在微店中，店主想要寻找大量的潜在顾客，就要在微店自身的推广功能之外扩展新的推广渠道，这样才能保证最终的推广效果。

随着移动互联网的发展，现在线上推广的渠道已经有很多。比如微信朋友圈、QQ 群等，这些都是比较常见的推广方式。掌握了这些推广方法，就能获得相应的流量和推广效果。

5.3.1 微信朋友圈推广技巧

微信作为时下最热门的社交平台，它与我们的生活密不可分。微信上的好友大多都是自己的亲朋好友，彼此熟悉，彼此信任，互动也比较多。如果店主在自己的朋友圈中发送推广信息，可能会有很多朋友留言、点赞或者转发，那么其推广效果是非常可观的。

具体操作时，店主需要掌握微信朋友圈推广的几个技巧。

1. 推荐热销产品

在销售产品过程中，热销很重要，因为顾客购买商品时，总会不自觉地选择销量最高的那家，这就是热销的影响。

在朋友圈推广商品时，店主一定要晒自己比较热销的商品。在晒单上要多加一些创新的好想法（见图 5-64），比如月底快递结账，店主可以说写快递单子的笔用完了，等等。

图 5-64 在朋友圈晒单

图 5-65 晒出顾客反馈

2. 收集并晒出顾客反馈、好评

实际上，顾客见证十分必要，它可以帮助我们提升产品的可信度和口碑。进行朋友圈推广时，店主可以收集并晒出顾客反馈、好评（见图 5-65），这样的图片推广效果是最好的。因为大家可以从图片中的对话了解产品的优点，比自己直接推广产品效果要好很多，而且更有说服力。

3. 体现自己是正规化运营

为了获取他人的信任，店主可以在朋友圈打造正规化运营的店铺形象。具体如何操作？其实方法很简单，比如店主推广产品时，可以出示各种资质证明（见图 5-66）。这样，顾客就能明白产品是来自正规渠道，相信你的产品是正品，不是假货，如有需求，就会放心购买你的产品。

图 5-66 出示资质证明

4. 广告信息不要盲目转发，坚持原创

如果某篇文章或信息被转发多次，店主就不要去转发了，以免降低自己的档次。另外，店主最好不要发不清晰或者不美观的图片。某段时间，如果很多人都在朋友圈转发明星做商品代言的图，店主首先要做到的就是确定消息，不能盲目跟风。然后自己动手去截图，不仅图片是一手的，而且要清晰。

店主做朋友圈推广不能太懒，最好有一些原创的东西，这样说不定会获得意想不到的收获。

以上是朋友圈推广的技巧。这些技巧都比较实用，如果店主能掌握这些技巧，就能从中获益匪浅，找到朋友圈推广的方法。

5.3.2 QQ 群推广技巧

QQ 群是最常见的一种推广渠道，同时也是效果比较好的一种方式。然而，很多人进行 QQ 群推广时，只是机械地群发广告，结果被管理员踢出群，而且没有几个人相信这样的广告，因此也就没有多大的推广效果。

店主要想利用QQ群进行推广，一方面必须有足够多的群，因为QQ群的数量和质量会直接影响其推广效果。另一方面，在进行QQ群推广时，店主应该本着“一群一阵地”的原则，长期坚持下去。

此外，店主还需要掌握以下几个技巧（见表5-3），才能做好QQ群推广工作。

表5-3 QQ群推广技巧

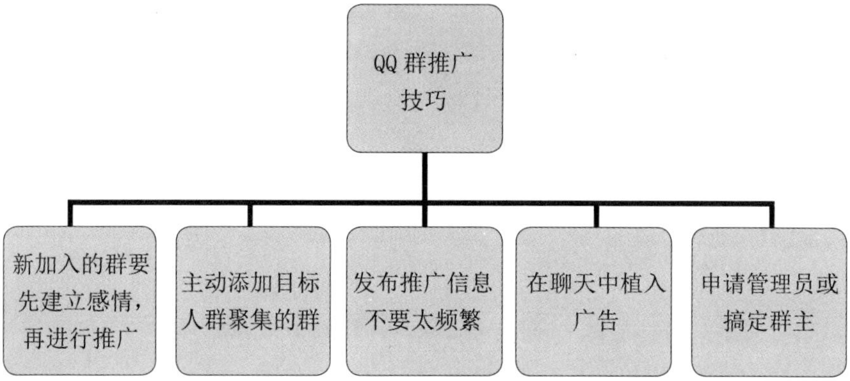

1.新加入的群要先建立感情，再进行推广

网络诈骗层出不穷，很多人对互联网上的信息比较谨慎。一般来说，在一个群里，只有大家都熟悉了，才会放心去看或打开消息，而陌生人发的网址，几乎没有几个人敢随便打开。

进行QQ群推广时，店主如果新添加一个群，应与群里的人多互动。当大家都熟悉了，甚至成为好朋友，他们才会比较容易地接受你的信息，而且不会被踢出群。

2.主动添加目标人群聚集的群

在添加QQ群时，店主应选择那些目标人群聚集的群。也就是说，该群里有产品需求的目标顾客。只有主动添加这样的群，才能提升推广效果，让这些群员转化成店铺的顾客。

具体操作时，店主可以根据产品特点，主动添加一些合适的群，比如店主推广的是食品类商品，可以添加一些吃货群等（见图5-67），这样就能接触到目标顾客。与其先建立好关系再推广，就能提高顾客转化率。

图5-67 吃货群

3. 发布推广信息不要太频繁

在QQ群进行推广时，店主发布推广信息尽量不要过于频繁，以免引起反感。另外，重复的内容尽量一天发一次，做到“少而精”，这样才能给人留下良好的印象。

4. 在聊天中植入广告

与群友聊天时，店主可以植入软性广告，这是推广的最佳时机。软性广告可以提升推广效果，比发硬广告的效果要好很多，而且大家比较容易接受你的信息。

比如，店主加入的是女性QQ群，推广的是减肥产品。当群里讨论减肥的话题时，店主就可以将自己的减肥经验、心得分享给大家，并植入推广信息。

5. 申请管理员或搞定群主

如果店主自己建群，管理起来比较费时费力，但在别人的群里又不能随便推广。要想解决这个问题，店主可以在别人群中申请群管理员，这样就拥有了免费使用群内所有资源的机会，而且还省去了建群、维护群等事务，节省了大量的时间。

要想达到这一目的，就要在群里与众群友多互动，表现活跃一些，还要与群主搞好关系，这样很容易成为群管理员。

当然，最好的办法自然是说服群主。如果群主默认了你的行为，推广商品很容易，推广效果也非常好。

以上是 QQ 群推广的技巧。掌握这些技巧后，在进行 QQ 群推广时，店主就能做到心中有数，而不是不知所措。

总之，QQ 群推广具有精准性与持续性，因而它的顾客转化率是非常高的。店主应好好利用 QQ 群这一渠道，以充分发挥它的作用。

5.3.3 微博推广注意事项

微博是一个网络交流平台，店主可以利用微博进行推广，用少量文字来阐述各种信息。这样的推广方式不仅具有灵活性，而且短小精悍，让文字的表达更精确。

另外，微博的传播性强，能在很大程度上提高推广效果，提升店铺的品牌、口碑等。

进行微博推广时，应该注意什么呢（见表 5-4）？

表 5-4 微博推广注意事项

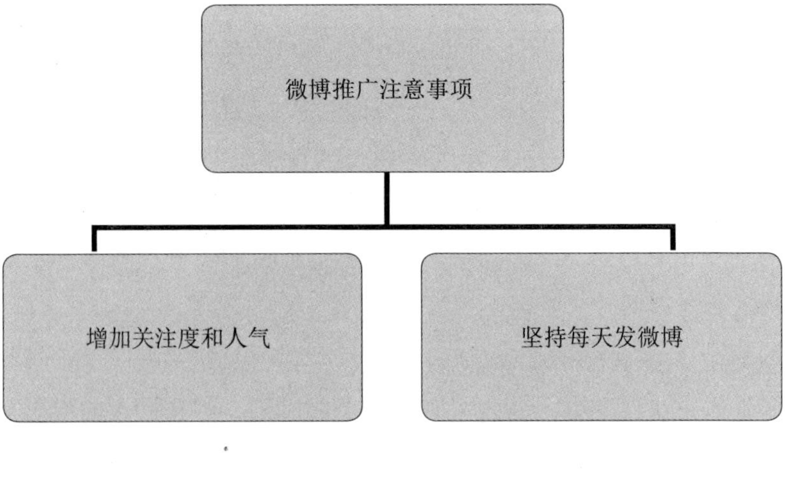

1. 增加关注度和人气

如果微博一开始没有关注度和人气，店主可以先关注别人，让他们成为你的粉丝。店主可以找与自己经营的商品相关的一些名人，或找那些微博粉丝流量多的人。当你与他们在微博上互动时，他们的粉丝也会注意到你。

除了主动关注他人外，还可以吸引目标顾客的注意，这就需要店主做一些有影响力的事。比如，评论要做到有自己的见解，或帮助他们解决问题，等等，这样就能让他人留意到你，关注到你。

另外，关注那些流量比较大的微博时，店主可以在里面评论，再转发他们的微博。别人通过你的微博转发带上你的评论信息时，就会有更多的人看到，从而大大提高自己微博的曝光率，让更多人认识自己。

2. 坚持每天发微博

进行微博推广时，必须坚持每天发微博。在微博上，店主可以分享自己的开店经验，还可以推广自己的产品，甚至发表一些店铺动态。比如店铺进行限时折扣活动等，这些都可以编辑成一条微博，发布并分享给大家，这样就能让更多的人了解店铺。

除此之外，店主还可以发表一些热点问题的评论或观点，比如二胎等，也可以发表娱乐性的话题，比如笑话、健康知识等，引起别人的关注和转发，达到大量曝光和增加粉丝的目的。当然，微博推广时，店主不能只用文字，也可以插入一些相关图片，这也是提高关注度的好方法。

以上是微博推广的注意事项。了解这些内容后，店主就能做好微博的推广工作了。实际上，微博推广的操作比较简单，而且互动性强，信息发布比较快捷，无需长篇大论，也不要审核，即刻就能发布。

另外，店主还可以与粉丝即时沟通，及时收到顾客的反馈与建议，能在最短的时间内回复顾客提出的问题。

总之，微博的推广效果不容忽视，店主应好好利用。

5.3.4 博客推广的两种方式

如果店主想提升品牌知名度，或者促进产品销售，也可以利用博客进行推广。博客的操作比较简单，而且针对性强，细分程度高，因而深受广大微店爱好者的喜爱。

博客推广有两种方式（见表 5-5），一种是博客群建，另一种则是建立品牌博客，具体如下。

表 5-5 博客推广的两种方式

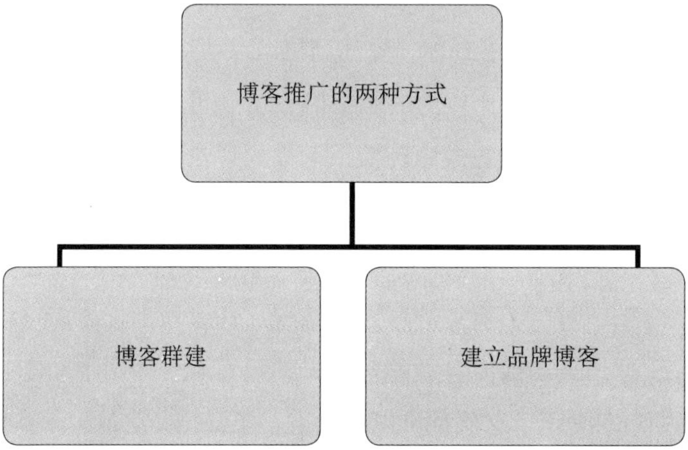

1. 博客群建

博客群建是指建立大量第三方的博客，借此从搜索引擎获取外链或流量。这种推广方式深受广大微店新手们的喜爱，因为它相对简单，比较容易操作。

博客群建的操作虽然简单，但想要做出好的推广效果，还必须要注意以下几点。

（1）多建博客。具体建立多少个，可以根据自己的时间和精力而定。另外，建立博客时，最好选择那些在搜索引擎上权重高的博客平台，权重低的小平台就不要考虑了。

（2）对博客主题和内容进行定位。一般都是围绕推广的产品或关键词展开，吸引的目标人群是谁，就要定位于相关的内容。

（3）保证内容可读性。博客群建并不是建立大量的广告博客，因此博客内容不能有大量广告信息，店主还要自己写一些原创的博文。如果店主的写作水平不高，也可以多转载一些与博客主题相关，且具有可读性的优质内容。只有这样，才能吸引目标顾客和搜索引擎。

（4）不断维护。博客建立后，需要不断维护才行，因此店主应该坚持每天更新。只有博客保持一个良好的更新状态，搜索引擎才会为自己带来流量。也只有顾客来了，才会浏览并接受你的信息。

2. 建立品牌博客

如果说博客群建是以量取胜的，那么打造品牌博客就是以质取胜。要想做好品牌博客推广，定位很重要，具体需要注意以下几点。

（1）博客定位。想做好品牌博客推广，在定位上，店主要尽量体现出差异化。最好将其定位于一个空白领域，寻找差异化空白的方式是垂直和细分。比如，网络营销推广类的博客，按推广类型细分，包括论坛营销博客、软文营销博客等；按具体产品来分，包括农产品营销博客等。

总之，店主要细分出一个空白且不是很窄的领域，同时该领域必须要有一定的内容素材，要有足够的内容可以写。

（2）目标顾客定位。店主必须明确自己的目标顾客是谁，知道自己想影响哪些人。这就要求店主必须认真研究目标人群的特点和需求，比如顾客年龄、文化水平、上网目的和需求、需要解决哪些问题等，然后通过这些确定自己的目标顾客群体。

（3）内容定位。品牌博客的内容一定要根据顾客的喜好和需求去写。通常来讲，分享各种经验、技巧，帮助顾客解决问题，这样的博客比较容易吸引顾客。

当然，店主也可以发表自己的观点与评论，而且必须是原创。一味地转载内容，是无法成为品牌博客的。另外，博客要每天坚持更新，一周至少有一篇优质原创内容。

以上是博客推广的两种方式。具体操作时，店主可以根据自己的实际情况去选择。不过，在进行博客推广时，店主需要了解博客平台的推荐标准，知道什么样的文章能顺利通过。然后内容要紧扣社会热点、热门话题等，只有这样，才能达到预期的推广效果。

5.3.5 论坛推广的四个步骤

论坛的历史比较悠久，也是最普遍的一种推广渠道，主要以文字、图片等为表现形式。很多人都想通过论坛来推广自己的店铺，借此提升店铺的品牌，但很多人都没有掌握论坛的正确推广方法，因而收效甚微。

实际操作中，店主该如何进行论坛推广呢（见表5-6）？

表5-6 论坛推广

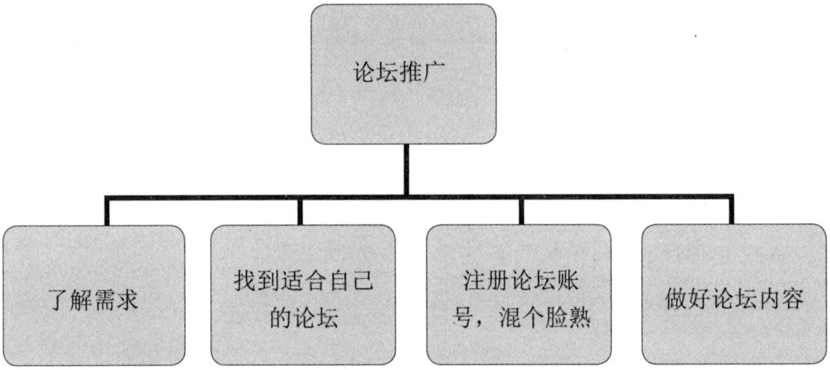

1. 了解需求

在进行论坛推广时，店主必须要明确推广目的。首先，店主需要明确具体推广的产品是什么，比如食品或衣服等；然后，还要明确推广的目标，是为了增加流量，还是增加店铺品牌知名度，等等。

明确推广目的后，还必须对产品有全面的了解，才能在后期推广中将产品完美地展示给顾客。除此之外，店主还要知道产品的优缺点，知道产品的目标人群是哪些人，知道产品拥有哪些亮点，哪些亮点可以打动顾客。同时，还要知道自己的产品能帮助顾客解决什么样的问题。

了解了产品后，店主还需要了解顾客，才能做到有效推广。了解顾客时，需要弄明白顾客在论坛做什么，主要聚集在哪些论坛，喜欢什么样的话题，顾客群中最有共性的问题有哪些，哪些问题最需要解决，店主能帮助他们解决其中哪些问题等。

2. 找到适合自己的论坛

论坛不一定越大越好，因为大论坛监控比较严格，反而不容易推广。

只要选择的论坛氛围好，目标顾客群集中且精准就可以。比如，店主推广电脑，可以选择电脑类论坛。

另外，论坛也并非越多越好，关键在于质量，而不是数量。店主要量力而行，具体可根据自己的实际情况去经营。

论坛确定后，不要着急注册发广告，因为每个论坛都有各自的特点和规则，贸然行事，容易被禁言封号。

店主首先要知道该论坛允许做什么，不允许做什么，还要知道广告信息的监管力度，是否有特殊说明。比如，有些论坛会设置专门的广告外链区。

最后，店主要了解论坛内各版块的特点和差异。比如，各版块的主题特色是什么，我们的信息和产品适合发到哪些板块等。由于板块不同，即使发布的是同样的内容，其推广效果也是不一样的。

3. 注册论坛账号，混个脸熟

论坛推广之前，店主需要注册论坛账号，且要多注册几个，因为论坛推广最重要的就是账号资源。如果你有大量各大论坛的高等级账号，那自然再好不过了。

注册账号时，应尽量使用中文，名字要简单易记，有特色，能让他人快速记住你。如果打算长期使用，可以使用实名，以增加坛友对你的信任。

成功注册账号后，还要及时完善个人资料，比如性别、联系方式等。通常来讲，资料信息越详细越好，这样一方面容易增加别人对你的信任，另一方面也可以最大限度地把微店信息传递给目标受众。其中最重要的是头像，能使用微店照片或者相关产品照片再好不过了。

个人资料完善后，店主先不要急着发广告，要多和版主以及坛友互动，先混个脸熟，关键要融入。可以通过制造话题或争议来实现，比如“生二胎，你们考虑老大的感受了吗？”这样的帖子往往会引起不小的反响，同时还能让大家快速地认识你和记住你。当然，店主要把握好尺度，切不可将争议变成争吵。

4. 做好论坛内容

万事俱备，只欠东风。做好所有准备工作后，接下来，店主还需要做好论坛内容。这个过程，店主可以在产品卖点与顾客需求中找平衡，这样既可以将产品亮点展示出来，还可以满足顾客的需求。

在具体操作时，可以先将产品的特色、优势、亮点写出来，并列出优先级。然后再将目标顾客的需求、期望、需要解决的问题写出来，并列出优先级。最后，可以将这两者进行对比，看看产品的卖点能帮助顾客解决哪些问题，然后在这里面找到优先级最高的，并以此为主。

论坛推广的本质是互动，而不是一个人自言自语。只有与他人产生互动，才能有效地把信息传递出去。因此，论坛内容一定要足够吸引人，同时要能够引起他人的互动。

店主编写的内容可以是娱乐题材、社会热点等，也可以是能产生共鸣的其他话题，甚至可以是将好东西分享给他人。只要你的内容能帮助他人解决问题，或者分享一些好的经验、资源，就能取得不错的推广成绩。

以上是论坛推广的 4 个步骤。掌握了这些步骤之后，店主基本上就能做好论坛推广了。此外，除了以发帖的形式推广外，还可以采用其他方式进行推广。比如，在与坛友互动时融入广告信息，或通过论坛内置的站内短信功能，直接给顾客推荐产品等。

5.4 线下推广的两种方式

对于店主来说，线上早已是一片红海。在这种情况之下，线下资源就应引起重视了。很多人虽不辞辛苦地致力开发并积累线下顾客，但真正取得成效的少之又少，大多都是昙花一现。

之所以会产生这样的现象，是因为大多数人在线下推广时不得要领。要想打开线下市场，积累线下顾客，店主必须要掌握线下推广的几种方式，这样才能达到增加店铺销量的目的。

5.4.1 在公园、商场等地方推广

要想增加店铺客流量，店主不但要在线上进行推广，也要在线下进行推广。在公园、商场等人群聚集地进行推广，就是不错的方式。

在公园、商场等地方推广时，店主具体应该如何做呢（见表5-7）？

1. 准备好需要的东西

在推广之前，店主需要准备一些物品，比如桌子、名片、宣传单、商品等，这些物品都需要提前准备妥当。

表 5-7 在公园、商场等地方推广

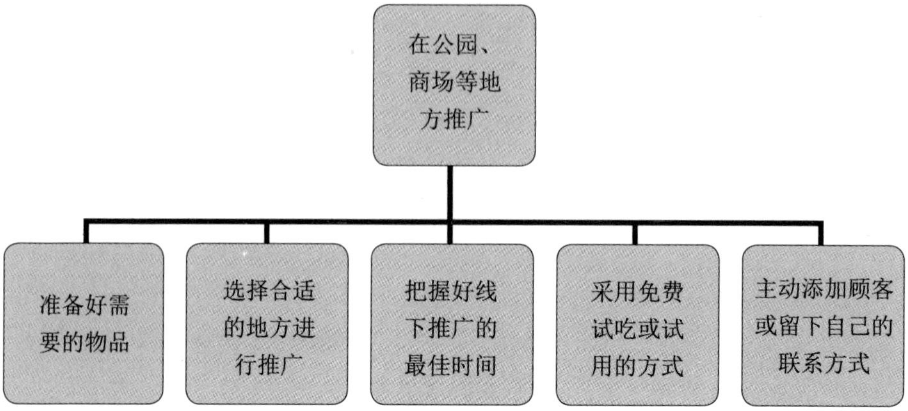

2. 选择合适的地方进行推广

一般来说，公园、商场的客流量比较大，尤其是节假日的时候，顾客的购买欲望最强烈。如果店主能与商场合作，将自己的摊位摆在商场的某一处，不但会引起大量顾客的注意，而且会有很多顾客主动询问，大大增加引流推广成功的可能性。

当然，如果店主无法与商场合作，也可以在商场外或公园外找一处比较显眼的地方，摆上自己的商品，放置一个扩音器，这样也能引起路人的注意。

3. 把握好线下推广的最佳时间

进行线下推广时，必须要把握好线下推广的最佳时间，这样才能让线下推广效果达到最佳。

也就是说，店主在推广时，需要知道什么时间段能达到客流量高峰期，什么时间段是客流量的低峰期。只有这样，才能提高自己的推广效果，在有效的时间里做好推广工作。

4. 采用免费试吃或试用的方式

实际上，线下推广是要讲究方法的。方法用得好，就会吸引大量潜在顾客。免费试吃或体验就是一个不错的推广方法。

比如，如果你售卖的是食品，可以采用免费试吃的方式，这样会吸引那些对你的商品感兴趣的顾客，甚至是无购买意识的潜在顾客。

当他们觉得商品不错，甚至超出他们的预期，感兴趣的顾客就可能会选择购买。那些本没有购买意愿的顾客，也很可能会因为美好的体验而选择购买。

5. 主动添加顾客或留下自己的联系方式

当顾客有购买意愿时，店主一定要记得主动添加这位有效顾客，以便日后顾客再有需求时还能联系上你。

即使顾客没有购买你的商品，但她对你的商品感兴趣，店主也不要忘记在顾客转身之前主动给对方一个名片或者宣传单，留下自己的联系方式，以便顾客日后有需求时可以找到你。

以上是在公园、商场等地方推广的几个要素。掌握这些后，店主基本上就知道如何做好线下推广了。

5.4.2 与实体店合作完成推广

因为大家都喜欢躺在床上刷屏赚钱，导致现在线上竞争十分激烈，很多微店新手基本卖不动货。的确，很多人都喜欢在朋友圈卖东西，却忽略了线下实体店推广这一领域。

其实，微店只是一个基于移动社交平台的生意，本质还是卖货。线下实体店是一个不错的推广渠道，店主可以与实体店合作完成推广。

想通过实体店发展顾客，店主该如何入手呢（见表 5-8）？

表 5-8 实体店推广的基本步骤

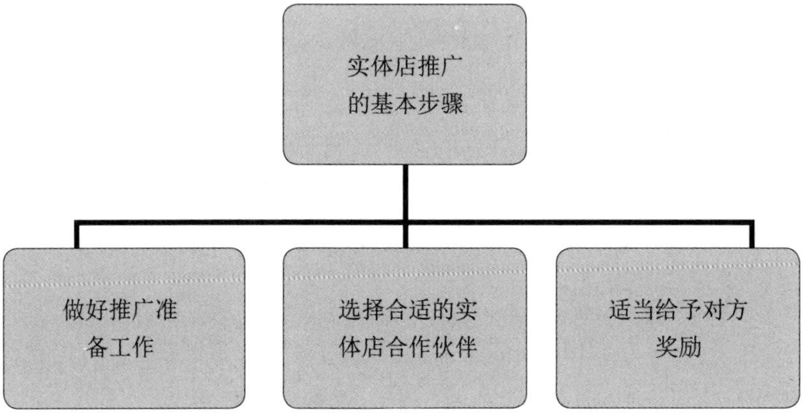

1.做好推广准备工作

俗话说“不打无准备之仗”。在进行实体店推广之前，要做好推广准备工作。

首先需要准备好推广资料，比如商品宣传单、手提袋等，还可以带上产品。

另外，如果你的手机里有广告截图或公司视频广告，也可以将这些资料下载到平板电脑里。

总之，只要你有的资料就全部带上，这样会让顾客觉得你是一个很专业的卖家。

2.选择合适的实体店合作伙伴

做好一切准备工作后，接下来就要选择合适的合作伙伴了。为了选出的合作伙伴价值更高，店主不妨多出去走走，学会接触不同的人，不同的行业。不管你是去买衣服，还是做美甲，都要想办法将对方的微信加上，与对方搞好关系，再向对方推荐自己的产品。

在与对方沟通的过程中，店主需要明确告诉对方自己是做什么的，可以介绍你的公司、产品等，还可以拿出你准备好的资料，再进行专业分析，充分向实体店店主说明自己产品的优势，以此说服对方，一起合作推广。当然，即使对方没有立即答应下来，你也要及时留下对方的微信号，同时可以将自己的名片留给对方，以便日后联系。

如果你心中已有计划，也可以有目的性地选择实体店。比如，你售卖的是儿童玩具，可以找那些与你有相同目标人群的实体店，如婴儿服装店。这样一来，双方没有利益上的冲突，合作起来会非常愉快。

3.适当给予对方奖励

如果对方有合作的意愿，并且能起到较大的引流推广作用，那么可以适当地给予对方一定的奖励。这样不仅可以增加对方的推广积极性，而且有可能发展成自己的分销商。

不过，在与对方合作时，店主需要提前与对方商定销售提成。也就是说，对方售卖出去一件商品，店主应给予对方多少销售提成。

从以上步骤不难看出，店主要想与实体店合作完成推广，就必须做好准备工作，这样才能增加说服力，让对方相信自己的实力，愿意与自己合作。一旦与多家实体店合作推广，将会大大提高店铺的销售量。这是一个互利共赢的推广方式，值得大家一试。

第6章

CHAPTER SIX

充分互动，让喜欢你的人爱上你的产品

对于微店来说，互动很重要。只有不断地与顾客互动，才能了解顾客的真实需求，并为其提供正确的商品和服务，在无形中提高顾客的满意度。

同时，通过互动，顾客可以对店主和店铺有更深入的了解，彼此之间建立一种长期稳定的信任关系。

6.1

与顾客互动的五种方式

在微店中，与顾客保持良好的互动关系，不仅可以促进交易，还能让顾客为店铺的商品做免费推广，为店铺节省大量成本费用的同时，提升店铺的人气以及复购率。

不过，想要达到好的互动效果，店主不仅要做到推广引流时与顾客互动，平时更要多进行互动，还要掌握与顾客互动的各种方式。只有这样，彼此之间的关系才会更长久、更稳固。

6.1.1 主动打电话询问顾客

每个顾客购买完商品，都恨不得马上收到货物，所以店主应该尽自己最大的可能，以最快的速度发货。同时，店主应该主动与顾客取得联系，告知对方货物已经发出，以免顾客担心收不到货。

顾客收到货物后，店主也应主动询问顾客收货情况，让顾客感觉到店主的关心。顾客使用商品一段时间之后，店主还应主动联系顾客，询问顾客使用商品的情况和具体感受，这些都是店主与顾客互动的最佳时机。这个过程中，店主可以根据顾客留下的电话号码（见图 6-1），采用打电话的方式与之沟通。

图 6-1 顾客留下的电话号码

实际上，平时给顾客打个电话问候一下，或者询问一下产品的使用效果，也是与顾客进行互动的一种方式。当顾客听到你亲切、真诚的问候时，只要不是在忙碌的情况下，相信顾客都会十分高兴，并报以微笑的。这样可以拉近彼此之间的距离，增进彼此之间的感情，从而增加顾客对店铺的好感与信任。

当然，以电话的方式与顾客互动，有一个很大的弊端，就是可能会遇到顾客没有时间听电话的情况。因此，要想收到良好的互动效果，店主主动打电话给顾客时，应避免在顾客忙于工作或其他事情的情况下进行，以免引起顾客反感。

正常来讲，店主可以在顾客下班后，或者是周末以及节假日期间给顾客打电话。当然，如果店主能在这个时间段对部分顾客进行集中问候，将大大节省自己的时间和精力，从而提高自己的办事效率。

相反，碰巧遇到顾客不方便接电话时，店主应尽快结束通话，另选其他时间与其沟通。

6.1.2 以短信方式与顾客保持联系

手机短信是用来传递信息和交流的一种方式，可以用于人与人之间的交流，也可以发送一些店铺活动信息。店主可以根据顾客留下的电话号码（见图 6–2），以短信的方式与顾客保持联系（见图 6–3）。

图 6–2 顾客留下的电话号码

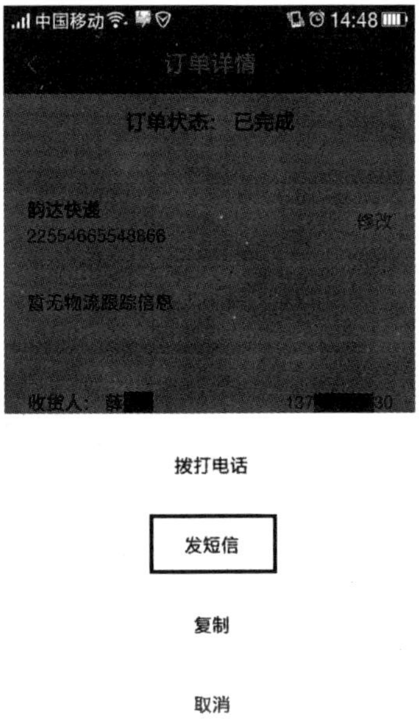

图 6–3 向顾客发短信

对于店主来说，向顾客发送手机短信，可以培养与顾客的感情，而且发短信的成本极低，收效特别好。假如店主每月给一位顾客发送 10 条短信，一年累积的费用不过十几元钱，但店主却可以通过这种方式稳定地维护很多顾客，甚至交到一些志同道合的朋友。

不过，要想发挥手机短信的最大作用，店主需要注意以下四点。

1. 选择适当的时间发送

与顾客沟通时，如果恰逢节日，比如元旦，或遇到对顾客来说比较特殊的日子，比如顾客的生日，店主可以适时发送一些祝福信息。顾客收到信息后，会感受你的特殊关怀，这也是加深顾客印象的好办法。

2. 保持内容健康

店主向顾客发送短信，内容最好与顾客有关，可以是一些简短的祝福用语，也可以是一些关心、问候的话，但最好不要发一些格调不高的笑话或俏皮话，以免引起顾客反感。

3. 注意短信的频率

店主最好不要经常给顾客发短信，因为频繁发送短信，会严重影响顾客的正常生活，容易引起顾客的反感，这样就发挥不了和谐沟通的作用。

4. 注意署上自己的名字

最初与顾客交往时，顾客对你的手机号码会比较陌生。所以在给顾客发送信息时，店主一定要在信息的后面署上自己的名字，让顾客知道是谁给他发的这条信息。

总之，以短信的方式与顾客保持联系，顾客就有可能与店主建立起一种长期稳定的关系，进而保持彼此之间的良好互动。

6.1.3 以电子邮件方式与顾客定期互动

电子邮件是互联网应用最广泛的一种沟通方式（见图 6-4）。通过电子邮件，店主可以快速地将信息发送给顾客。可以说，电子邮件极大地方便了店主与顾客之间的沟通与交流。

虽然电子邮件与短信极其相似，但电子邮件承载的文本内容和形式更多、更广，唯一的不足之处，就是不能即时与顾客进行互动。因此经常查看邮件的顾客，可能会通过这种方式获得一种被关注和在意的喜悦，而对邮件置之不理的顾客来说，却没有多大的效果。

店主向顾客发送电子邮件时，其内容可以是一篇好的文章，也可以是一则笑话，或者是一段视频。当顾客收到来自店主发送的邮件，会感觉到店主时时都在自己的身边，时时都在关注自己，从而使顾客逐渐习惯生活中有这样一个朋友存在。

实际上，店主偶尔给顾客发送电子邮件，这是一个很好的互动方式，

图 6-4 电子邮件

既不会像打电话那样容易引起顾客反感，也不像短信那样打扰到顾客，却可以与顾客保持定期的互动交流，维护双方的良好关系，这就是使用电子邮件进行互动的好处。

不过，向顾客发送电子邮件，店主应注意发送的频率，以免因频繁发送引起顾客的反感，这样就得不偿失了。

6.1.4 利用社交平台与顾客即时互动

实际上，社交平台是最实惠、最有效的一种沟通方式，有多种应用渠道可供店主选择，比如微信、QQ 等。在这些社交平台上，店主可以使用文字或语音等方式，与顾客进行互动（见图 6-5）。使用社交平台与顾客即时互动，只需用到网络流量，无需消耗其他费用。因此利用社交平台，店主不但可以与顾客即时互动，而且方便日常客户管理工作。

当然，利用社交平台与顾客进行互动时，店主可以视顾客为朋友一样聊天，使彼此之间的互动能够在愉快的气氛中进行。总之，拥有一部手机，通过社交平台，随时随地都可以与顾客互动，这为维护双方关系带来了极大的便利。

6.1.5 利用同城聚会拉近与顾客的距离

如果店主拥有大量粉丝，可以将部分线上顾客引到线下，定期举行同

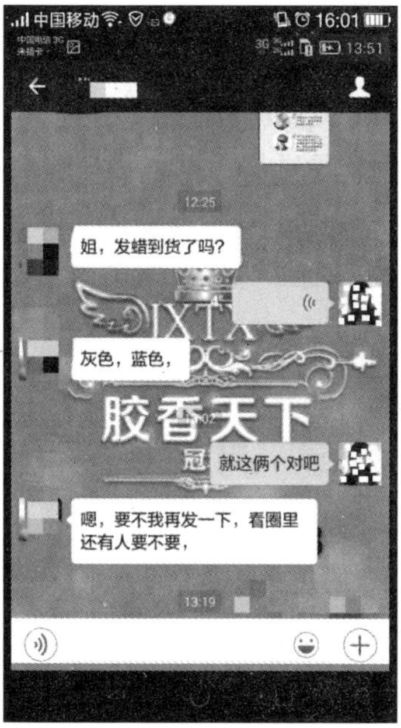

图 6-5 通过社交平台与顾客互动

城聚会（见图 6-6），这也是一种行之有效的互动方式。这种互动方式可以快速拉近与顾客的距离，让顾客更深入地了解你和商品，从而建立深厚感情，使之成为店铺的忠实顾客，为店铺创造更多的价值。

举行同城聚会之前，店主首先要找到一个新鲜的玩法，也就是要找到

图 6-6 同城聚会

能够吸引顾客的主题。比如，如果你经营的是儿童绘本，可以组织一场亲子活动，并免费赠送绘本，也可以组织一场关于家庭教育的活动。

主题确定后，接下来店主需要寻找合适的场地，比如公园。如果受到天气的影响，不能进行室外活动，自己也无法提供室内场地，可以寻求顾客的帮助，并给予其一定的奖励。比如根据场地面积大小，发送相应份额的优惠券。

场地确定后，店主需要限制参与活动的人数。一般来说，参与活动的人数越多，越不容易组织和管理，并且成本也会升高。但如果人数过少，也起不到引流推广的作用。对于参加活动的人群，店主需要根据自己的实际情况而定。

之后，店主还需要确定活动的时间。最好选择顾客闲暇的时间，比如周末或节假日。除此之外，活动进行的时间不要太长，以免顾客感到疲劳。

将所有的准备工作都做完后，店主就要发布同城聚会的活动信息了。可以利用微店的店铺公告或聊天公告功能，或是各大社交平台，一键将信息发布出去，让所在地区的顾客都能收到此信息。

总之，通过同城聚会，可以让顾客真真切切地感受到处于互联网另一端的你是一个活生生的人。通过活动，顾客会更加了解你和商品，进而对你更加信赖。这种互动方式不仅可以提高顾客的忠诚度，还会吸引更多潜在的顾客，值得各位店主尝试。

6.2 互动要找到共同话题

在微店中，店主面对的都是陌生顾客。如果没有共同语言，没有一个令对方感兴趣的话题，双方的互动将很难进行下去。

在与顾客互动时，店主要尽量在最短的时间内找到一个共同的话题，然后围绕这个话题展开互动，这样才能激发顾客的兴趣，从而为后续的销售工作做好铺垫。

6.2.1 关心顾客的真实需求

在微店中，关心顾客的真实需求，是找到双方共同话题的方式之一，也是最为关键的一步。互动的目的是促进交易，所以顾客的需求问题是最实际、最有效的共同话题。但在实际互动过程中，很多店主一上来就向顾客介绍自己的商品，想将商品信息直接灌输到顾客大脑中，根本没有考虑到顾客是否对产品感兴趣，是否有需求，这就给双方的互动埋下了失败的种子。

实际上，与其直接向顾客介绍产品，不如关心顾客的真实需求。只有顾客对产品有需求，他们才会对产品感兴趣，才想了解你售卖的产品。在这种情况下，店主很容易找到双方感兴趣的共同话题。

具体来讲，在互动之前，店主可以进行一番调查和分析，准确把握顾客最强烈的需求，然后再根据顾客的需求制定互动话题，使双方在有效的共同话题上进行互动，这样就能让互动做到有的放矢。

6.2.2 找到双方的共同兴趣和爱好

每个人都有自己的兴趣和爱好，而且谈论起自己的兴趣爱好，大家都会滔滔不绝，因此兴趣和爱好也就成了店主和顾客互动的一个选择。

在互动时,店主要想拉近与顾客的距离,可以从共同的兴趣和爱好入手,让自己与顾客之间有话可聊，从而让互动变得更有效果。

在互动过程中，店主可以试探性地询问顾客喜欢游泳还是瑜伽，经常去哪里旅游，等等。一旦找到彼此之间的共同兴趣和爱好，双方立即就有了共同的话题可聊，这种气氛是非常愉快、和谐的。

此外，由于每个顾客的兴趣爱好都不一样，店主要想与每个顾客都达到愉快互动，平时就要多培养一些兴趣爱好，积累各方面的知识，以保证与不同顾客交流时，店主都能做到有话可说。

6.2.3 利用相同遭遇拉近距离

“同是天涯沦落人，相逢何必曾相识。”两个拥有相同遭遇的人，无疑更容易产生共同的话题。这也是交际高手们经常运用的一种交际方式，这种方式也同样适用于微店经营。

对店主来说，在与顾客互动过程中，可以利用相同的遭遇与顾客寻求心灵上的沟通，从而拉近彼此之间的距离，使双方的交流更愉快，更有黏合度。

不过，店主需要注意的是，在与顾客交流时，一定要根据实际情况有感而发，切不可过于牵强，以免适得其反。

6.2.4 寻找工作和生活的共同点

通常，在与顾客互动时，我们会不知不觉地随着顾客的兴趣点挖掘双方的共同点，从而了解顾客的真实想法，促进交易达成。这是必不可少的，也是成功将产品销售出去的一个捷径。因此店主在与顾客互动时，可以从工作和生活中寻找与顾客的共同点，先做朋友，后做生意，这样才能在实际销售中取得不错的成果。

在与顾客互动过程中，店主可以从一个朋友的角度询问顾客的工作和生活。一旦找到双方的共同点，打开了顾客的话匣子，双方就能畅所欲言，相谈甚欢。

实际上，关于生活的话题有很多，尤其是女性顾客更是如此。比如如何减肥，如何教育孩子，等等。关于工作方面的话题也有很多，比如顾客在工作中曾取得哪些成就，或将来的美好前途，这些都能够引起顾客的兴趣。

总之，利用工作和生活中的琐事，店主不但可以活跃互动的气氛，还可以增加顾客对你的好感。

6.2.5 谈论时事新闻

实际上，在与顾客互动过程中，无论是寻找与顾客的共同语言，还是生活中的共通之处，都需要一个过程。另外，互动是否成功还很难说。在这种情况下，店主可以选择另外一种方式与顾客互动——谈论时事新闻。

处在信息爆炸的时代，几乎每个人都会关心时事新闻。无论是重大新闻事件，还是热点资讯，都能引起大家的高度关注。在与顾客互动时，店主可以借助自己从手机或报纸中了解到的社会热点话题，比如热播电视剧《芈月传》，国家全面开放二胎，等等，这些都是普通大众比较关心的焦点事件。如果店主能拿来与顾客谈论一番，相信对方一定会有兴趣的，这也不失为一个很好的寻找共同话题的方法。

要想找到顾客感兴趣的共同点，店主平时要多培养一些兴趣爱好，多积累各方面的知识。这样不但可以丰富自己的生活和思想，还可以为顾客互动增添话题和谈资，从而拉近彼此之间的距离，让互动效果最大化。

6.3

如何与不同类型的顾客互动

“知己知彼，百战不殆。”由于学识、个性、兴趣等各方面存在差异，所以每个人对各种事物的反应、感受以及行为也会有很大的不同。

在与顾客互动之前，店主需要对顾客进行深层次的了解和认识，将不同顾客进行合理分类，并按其特点采用相应的方法与之沟通，这样常常会让互动达到事半功倍的效果。

6.3.1 挑剔型顾客

在微店经营过程中，挑剔型顾客是最为常见的一种类型。即使店铺的产品或服务已经很不错了，同样可能会引来他们的抱怨。很多店主认为这类顾客是“鸡蛋里挑骨头”，唯恐避之不及，或者是采用冷漠和怠慢的态度对待这类顾客，自然很难与这类顾客达成交易。

俗话说，“没有攻不破的城池”。这句话放在店主身上同样适用。如果店主能够了解挑剔型顾客的特点，选择较好的方法来应对，即使再难缠的顾客，也能轻松搞定。

在与挑剔型顾客互动时，店主应该怎么做，才能与这类顾客达成交易呢？

首先，店主需要明白，挑剔型顾客思考问题比较周密，对产品或服务有着清晰、明确的要求，因而会向店主提出各种问题。比如，这件蓝色衣服能保证不褪色吗？这条线有点歪了，就是这样设计的吗？顾客提出这些问题，是希望店主帮助他们解决这些问题。

面对挑剔型顾客，店主要端正自己的观念与心态，耐心倾听，充分了解他们的实际需求与心理需求，冷静客观地了解顾客的挑剔是否有合理的地方，哪些需要解释说明，等等。切勿采用排斥或拒绝的态度，甚至与之争论不休。

研究与分析这类顾客时，店主要用客观的事实和主观的感觉了解顾客挑剔的原因，并认识到顾客究竟对商品或服务的哪一点不满意，这样才能在接下来的互动中采取较为妥当的措施。

另外，在向顾客介绍商品时，店主要尽量展示商品的优点，并允许顾客表达自己的异议和不满。可以采取顺应引导的方式，先肯定顾客的意见，再陈述自己的观点。也就是说，店主可以将顾客拒绝的理由当作回答，让顾客意识到自己想要这种商品。比如顾客认为商品价格有些贵，店主可以说，“商品价格是贵了些，但作为品牌商品，它是有品牌价值的。这样不但可以突出产品的价格，还化解了顾客提出的问题。

当然，如果店主在顾客挑剔之前先将问题解决掉，再引导他们向成交的方向发展，这是再好不过的应对方式了。这种引导策略可以起到先发制人的目的，不但避免了彼此之间因意见不同而引发争论，还能让顾客认为店主非常善解人意，知道自己想说却没说的反对意见，进而对店主产生信任感。

6.3.2 猛砍价型顾客

砍价，是大部分顾客多少都会有的一种消费行为。以最低的价格买到自己喜欢的商品，是绝大多数顾客的愿望，这原本是无可厚非的。但以砍价为乐的顾客，店主就要识破他们的伎俩，这样才能与其达成交易，并真正拥有这个顾客。否则贸然降价，不仅会降低商品的利润，还会让顾客认为你的索价没有诚意。

对于猛砍价型顾客来说，不管店主标价多少，索价多少，他们都会认为自己买贵了，通常都会向店主砍价，而且越砍越厉害。与这类顾客多接触几次，店主就会发现，这种类型的顾客明明已经表现出想要购买的意愿，却依然挑三拣四，评价产品的各种缺点。比如衣服颜色太亮了，或者直接表明自己没有足够的钱，并向店主表示少算些钱就立即购买。

遇到这种猛砍价顾客，店主需要做到的是——守住自己的防线，这样才能顺利与这类顾客达成交易。具体来讲，与这类顾客互动时，店主首先要保持平和的心态，冷静对待顾客报出的购买价格。然后，店主要探清顾客购买商品的虚实，再决定是否向其报出实价。

如果商品已是最低价格，但顾客依旧不依不饶，店主千万不能让步。可以明确告诉顾客，并多向顾客强调商品本身的价值。当然，即使店主要妥协，也不能完全按照顾客的要求去做，可以适当给予他们一些折扣。

6.3.3 无所不知型顾客

无所不知型顾客通常具有较高的文化素养，对生活的各个领域都有所了解。这一类型的顾客常常认为自己无所不知，喜欢占据谈话的主动地位。遇到这种类型的顾客，很多店主都认为比较难应对。实际上，店主应该感到庆幸，因为可以趁此机会多倾听对方的谈话和见解，并从中吸收各种有用的知识和资料，这样不但有利于开拓自己的事业，还可以增长自己的见识。

在与这类顾客互动时，店主要有耐心。倾听对方说话的同时，也要在适当的时候给予对方自然真诚的赞许。另外，店主不要轻易反驳对方的谈话，应尽量顺着他们的谈话去交流。当然，在适当的时候，你也可以向他们提出一些自己的见解，这样会让他们对你另眼相看。

此外，由于无所不知型顾客对商品了解较多，想要征服这类顾客的心，店主必须熟记商品的相关知识，以便无所不知型顾客对商品有疑问时，店主可以从容应对，对答如流。这样会让对方觉得你很专业，以专业的知识博得对方的认可，并愿意接受你的建议，从而达到成交的目的。另外，店主向这类顾客推荐商品时，介绍商品要言简意赅，抓住要点即可。

总之，要想与这类顾客有共同话题，店主平时要多给自己充充电，这样才能在与其交流时有话可聊，从而获得对方的好感。如果店主能获得他们的认可，他们的好人缘定会为你带来源源不断的顾客。

6.3.4 冲动型顾客

冲动型顾客的最大的特点就是：只要看中了，第一印象不错，就想购买；或者是被店主说得心动了，就会购买。很多时候，冲动型顾客不会“货比三家”，也不会“讨价还价”。只要觉得产品不错，价格合适，就会毫不犹豫地选择下单。

在与这类顾客互动时，即使店主是一位新手，也不要产生畏惧心理。有的店主总担心顾客对产品不熟悉，这么快下单购买会存在某种隐患和问题，于是在具体沟通时，店主会显得畏手畏脚，甚至对顾客明确提出的购买意向置之不理，导致顾客心生不满，交易失败。

实际上，这类顾客在某段时间内的购买意愿会非常强烈。一旦过了这个阶段，顾客就不想购买了，因此店主一定要把握住顾客的这个“热情劲儿”，速战速决，直接搞定顾客。

另外，由于冲动型顾客的个性比较鲜明，容易被人说服，在与其沟通时，店主应该顺其心意，说到点子上，触动顾客的内心。但凡顾客喜欢听的话，店主都可以说出来，而顾客不关注、不想听的话，店主最好不要说，避免言多有失。

6.3.5 理智型顾客

对于店主来说，并非所有的顾客都能以情打动，互动过程中一定会遇到必须以理来说服的顾客，这种顾客就属于理智型顾客。理智型顾客淡化了对新事物和刺激性语言的冲动，头脑较为冷静、清醒，有着明确的购买目的，不会因为一番华丽说辞就轻易改变初衷，而是会按照自己预先制定的计划进行。

在消费过程中，他们购买商品比较实际，最在乎商品的价格和性能。对于店主的推荐，他们通常表现得十分沉稳，很少开口，并持有怀疑态度。

一般来说，理智型顾客最在乎三件事：多少钱，怎么用，为什么有效。他们购买东西喜欢精打细算。进入你的店铺时，脑子里早已做好预算，哪一种商品该花多少钱，都已预计好了。如果你向他们推荐物超所值的商品，他们通常会比较容易接受你的建议。

在与这类顾客互动时，店主应该注意聆听，不要表现得太热情。一般来说，这类顾客会直接明确地告诉你他的需求和疑问，店主需要做到仔细聆听，并条理分明地回答，这样会让对方感觉到你的专业和干练，才有可能说服对方快速作出购买决定。

另外，理智型顾客不喜欢拐弯抹角。与他们沟通时，店主应尽量简洁明了，条理分明，避免使用含糊不清的话。推荐其购买商品时，店主可以选择以描述价格及品质为主，多向其强调产品的实用性。将商品的特性和优点展示给顾客，让顾客对产品有个大致了解，让对方知道店主推荐的商品值得信赖，甚至超出他们预期的效果，相信他们会很快下单的。

6.3.6 优柔寡断型顾客

在微店经营过程中，优柔寡断型顾客是比较常见的一种类型。他们说话做事总是思前想后，犹豫不决。即使购买商品，也会对商品性能、价格等方面反复比较，很难立即作出决定。在与这类顾客互动时，店主首先要做到不受其影响。在向其介绍商品时，不可急于成交，要冷静地诱导其表达出疑虑，然后再对症下药。

如果顾客是因为价格才犹豫不决，店主可以向其解释商品价位高的原因，或者是适当给予其一些优惠。如果顾客是因为售后服务而犹豫，店主可以向其详细介绍店铺提供的各种服务，尽可能地向顾客解释全面一些，不仅要让其对店铺服务有信心，而且要让其放心购买，从而打消顾客心中的疑虑。

一般来说，犹豫不决型顾客对自己的判断没有信心时，比较依赖第三者的意见。店主可以利用第三者从旁佐证的办法，帮助对方下定决心。比如，顾客购买商品时一直犹豫不决，店主可以这样说："这件商品购买的人特别多，前几天有位顾客购买了一次后，觉得商品不错，昨天又购买了几件，准备送给自己的亲朋好友。我这儿有她的微信号，你可以加她，问问她。"相信这样说，绝大多数顾客都会下单的。

为了尽快促成交易，店主还可以适度地制造紧迫感，因为人们往往会对稀有东西特别珍惜。优柔寡断型顾客更是如此，他们更害怕失去机会。当顾客购买商品无法下定决心时，店主可以向其下"最后通牒"。比如："店铺的活动就要结束了，您现在购买特别实惠。"或者"这件商品购买的人特别多，数量不多了，您现在不购买，恐怕要等很久才能购买到。"这样说会让顾客有一种紧迫感，迫使他们作出购买决定。

总之，与优柔寡断型顾客沟通时，店主要掌握主动权，不断给予其积极的建议。多使用肯定性的语言，可以让对方明白你是站在他的角度考虑问题的，直到促使对方作出决定，或不知不觉中替他做出决定。

此外，店主还必须掌握一些沟通的技巧，比如，不要给优柔寡断型顾客提供太多选择或建议，最好是两个，这样有利于提高这类顾客快速下单的概率。

6.4 定期举行各种促销活动

在微店经营过程中，很多店主都会定期举行各种促销活动，以刺激顾客消费，吸引顾客购买。这样不但能为店铺积累大量的人气，还可以回报老顾客一直以来的厚爱，让顾客高高兴兴地购买自己喜欢的商品，同时店铺也获得了巨大的利润。

6.4.1 如何开展“免费试用”活动

在现实生活中，人们往往比较喜欢免费的东西，也更喜欢试用后再购买，比如免费试用化妆品，等等。商家通过免费赠送给潜在顾客，供其试用或尝试，并诱导顾客购买，不仅有利于打开市场，还能提高店铺的知名度。这种促销方式同样适用于微店。

作为微店店主，可以开展“免费试用”活动来扩大自己的顾客群体（见图 6-7），从而获得巨大的品牌效应。

一般来说，计算机软件、化妆品等非耐用品或非必需品，常常使用“免费试用“这一促销手段。免费试用这种方式具有少量、限量、限时等特点，在一定程度上能给顾客带来一种安全感和满足感，起到打消顾客顾虑的作

图 6-7 免费试用活动

用，因而深受广大顾客的喜爱。

开展“免费试用”活动时，一般需要遵循以下三点：限时性、记录性和限制性。

限时性是指限制商品使用时间。比如计算机软件的免费试用为 5 天，过了试用期，如果顾客不购买，则无法继续使用。

记录性是指商家为了防止同一个人重复试用自己的产品，会让试用者填写详细的个人信息。

限制性是指限制试用者试用的条件，比如收藏店铺才能试用或本店会员才能试用，等等。

当顾客领到免费试用的商品后，店主会要求顾客对免费试用体验做出评价，包括商品质量、店铺服务、物流快递等，同时也需要顾客公开表达自己试用后的体会与感想。

比如，顾客免费试用的是衣服，则需要说出衣服穿在身上的感觉以及衣服的质地，另外还有家人、朋友对顾客试穿衣服的评价等。

除此之外，还需要顾客展示收到商品的照片，以及真人秀图片。图片越多越好，越详细越好。店主还可以要求顾客将自己的试用体验一键分享到QQ、微信等社交平台。

不难看出，通过“免费试用”活动，不但可以提高店铺人气，还可以吸引更多的顾客进店购买。可以说，免费试用是激发顾客购买商品的一个切入口。通过试用商品，顾客如果获得良好的试用体验，那么他们很可能就会选择继续使用。

店主想要达到良好的促销效果，免费试用的商品一定与正品的成分、生产批号、许可批号等一致。切不可使用快过期的商品或者质量不一致的商品作为试用品，以免产生不必要的麻烦。

6.4.2 如何做好“限时折扣”活动

在微店中，为了刺激顾客购买，很多店主都会使尽浑身解数做促销。这其中，限时折扣就是所有促销中力度较大的一种促销方式（见图6-8），它不但可以让顾客享受到平时享受不到的折扣价，而且还能给顾客带来一种机会难得的紧迫感。这种紧迫感会促使顾客在短时间作出购买的决定，因而很多店主都会使用这一促销手段来博取大量眼球，这也是店主最希望看到的促销效果。

图6-8 限时折扣

实际上，限时折扣是一种能让顾客在短时间内下定购买决心的促销方式。顾客总是对限量版的东西感兴趣，自然会对限时或限量的促销产品感兴趣，但前提是促销的产品的确是让利于顾客。

店主要想做好限时折扣活动，必须要注意以下三个要素（见表 6–1）。

表 6–1 限时折扣活动需要注意的三个要素

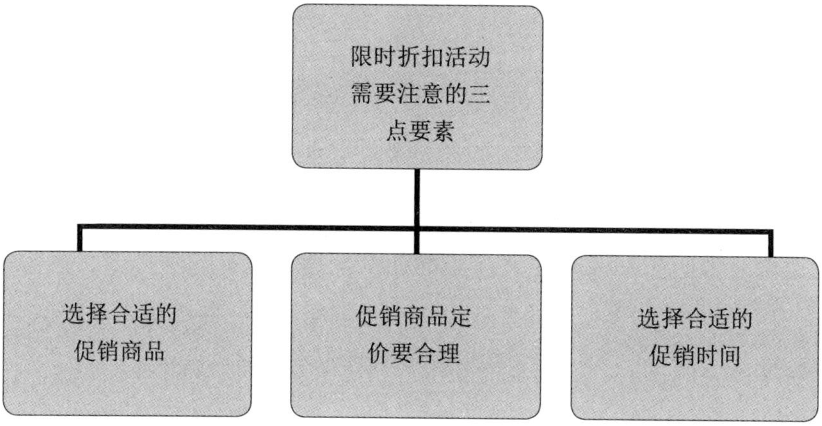

1. 选择合适的促销商品

在选择促销商品时，很多店主总是将积压品或过季商品作为限时折扣的商品。殊不知，这样做非但起不到良好的促销效果，反而容易产生很多售后纠纷。这里提醒店主不应该只顾眼前利益，而是要将眼光放长远些。

店主必须要知道，进行促销活动不仅仅是为了将商品卖出去，而是要靠这些商品留住顾客，让他们产生良好的购物体验，进而免费替店铺做宣传，或者再次购买，成为店铺的忠实顾客。这才是店主进行促销活动的目的所在。

店主选择的促销商品，最好是当季的、质量过关、大众化的商品。只有这样，才能服务好顾客，达到促销的目的。

2. 促销商品定价要合理

既然商品是拿来吸引顾客消费的，限时折扣的商品定价就不能太高，但也不能将价格定得太低，以免让顾客怀疑是假货或滞销商品。

只有满足以上两点，才能一方面吸引顾客的注意，另一方面打消顾客的猜疑和误会，让顾客放心购买。

3. 选择合适的促销时间

既然是限时折扣活动，持续的时间就不宜太长。店主在选择限时折扣的促销时间时，要进行认真思考，因为它会影响店铺的促销效果。

此外，在进行促销活动之前，店主还必须了解顾客购物的低潮期和高峰期，这样店主就能知道什么时候开展限时折扣活动最能引起顾客的关注。

一般来说，顾客在周末或节假日期间购物欲望最强烈，店主可以选择在这些时间开展促销活动。当然，在一天中，店铺的客流量也是不均匀的。一般来说，顾客访问店铺的高峰期有以下三个时段：9:00–11:00、15:00–17:00、20:00–22:00。这几个时间段是流量最集中的，店主可以选择在流量高峰期进行。

以上是限时折扣活动需要注意的几个问题。掌握这些内容，店主就能做好“限时折扣”活动，使其发挥出最大的促销效果，吸引更多的顾客关注，在让利于顾客的同时，店铺也能获得不错的收益。

6.4.3 如何进行“满包邮”活动

在网上购物时，如果要额外支付相关的邮费，很多顾客就会犹豫不决，因为这等于增加了额外成本。一旦商品不满意，需要退货，还要承担双倍运费。而包邮能消除顾客的这种顾虑，让顾客快速下定购买的决心。

包邮促销也是一种非常常见的促销方式，它能满足顾客少花钱的心理，同时还能提高店铺订单的成交率。想要达到这一目的，店主可以定期开展“满包邮”活动，吸引新老顾客进店消费。

要想做好“满包邮”活动，店主一定要事先设定好“满包邮”的条件，比如“在本店中购买任意商品，满 59 元即可享受包邮优惠”等。除此之外，店主还需要设置好包邮的地区，因为偏远地区路途遥远，运输不方便，因而运费也比其他地区高。在保证基本利润的基础上，店主可以自行决定是否给偏远地区的顾客提供“满包邮”服务。

了解“满包邮”的几个要点后，店主就可以在微店中开展“满包邮”活动了。那么店主具体需要如何操作呢？

首先，点击微店 APP 应用软件。进入微店页面后，找到并点击“营销”。在营销推广页面，会看到上面有很多功能设置，比如店铺优惠券、限时折扣、满包邮等。在这里，店主需要点击“满包邮”（见图 6-9）。

进入“满包邮”页面后，会看到“满包邮”活动规则。阅读完相关内容后，可以直接点击红色按键“创建”（见图 6-10）。

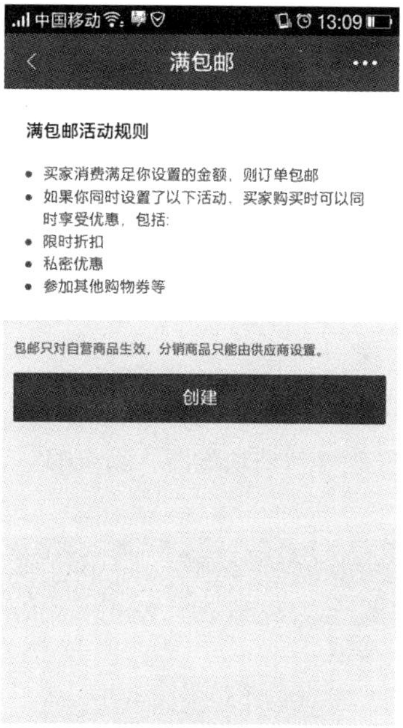

图 6-9 点击“满包邮”

图 6-10 满包邮页面

在满包邮编辑页面中，店主需要输入顾客购满多少金额可以享受包邮，还需要根据自己的需求，决定是否让偏远地区的顾客也享受“满包邮”优惠。如果店主不想给偏远地区包邮，可以选中“偏远地区不包邮”。

编辑完所有内容后（见图 6-11），点击红色按键“确定”。这时，店主就成功设置了“满包邮”活动（见图 6-12）。想要让更多的人知道店铺开展“满包邮”活动，可以点击“分享”。

在分享页面中（见图 6-13），会看到各种社交软件。店主可以根据自己的需求，点击其中一个社交软件，一键将“满包邮”活动链接分享给他人。顾客收到此活动链接后，点击此链接，就会在该店铺中看到店主设置的“满包邮”活动了（见图 6-14）。如果顾客有需求，就会趁此机会购买商品。

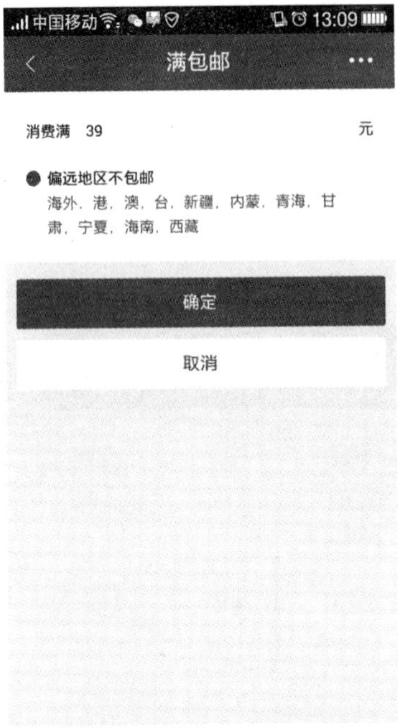

图 6-11 已编辑好“满包邮”相关内容

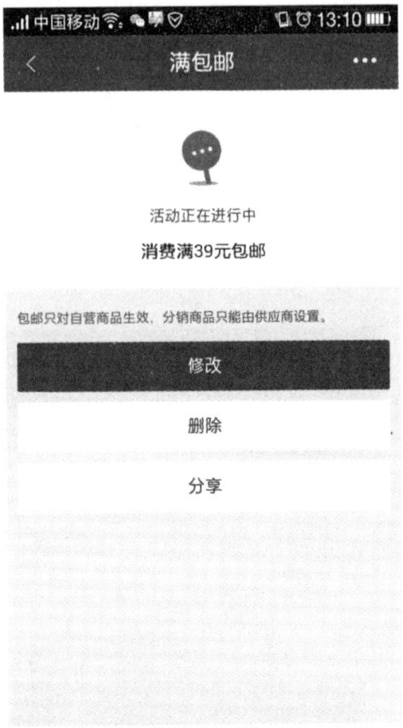

图 6-12 成功设置“满包邮”活动

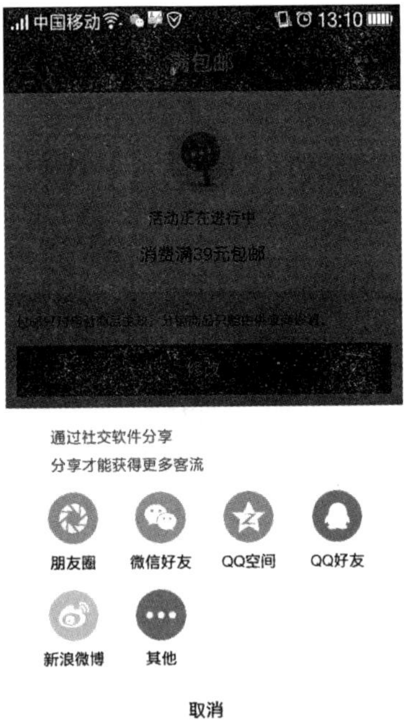

图 6-13 分享页面

图 6-14 “满包邮”活动

以上是设置“满包邮”的基本操作。了解了这些流程后，店主就能快速设置“满包邮”活动。当顾客看到店铺正在进行“满包邮”活动时，如果优惠条件足够吸引人，顾客又有购买的需求，那么就可能促成交易。

6.4.4 如何做好“节假日”打折活动

促销的方法有很多，而打折是永远不会过时的，因此打折促销就成了店主们经常使用的一种促销方法。通过打折让利给顾客，让顾客获得实惠，可以极大地激发顾客的购买欲望，增加微店的销量和利润，这就是打折促销的好处。

要想让打折活动最大限度地促进商品销售（见图 6–15），店主必须选择合适的时间开展这项活动，节假日就是一个最佳的促销时机。

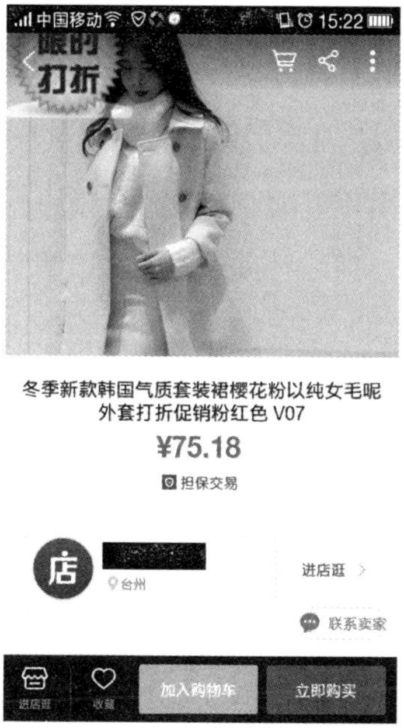

图 6–15 商品打折

每年都有很多重要的节日，比如春节、中秋节、情人节、母亲节、儿童节等，这些节日都是商品促销的最佳时机。除此之外，还有假日，比如周末、五一、十一等。在这些时间里，顾客有大把大把的时间可供上网浏览商品，大家的购物热情也会异常高涨。店主必须要好好利用节假日进行打折促销，以提高店铺的销量，同时吸引更多的潜在顾客。

要想做好“节假日”促销活动，必须注意以下四个要素（见表 6-2）。

表 6-2 节假日促销活动需注意的四个要素

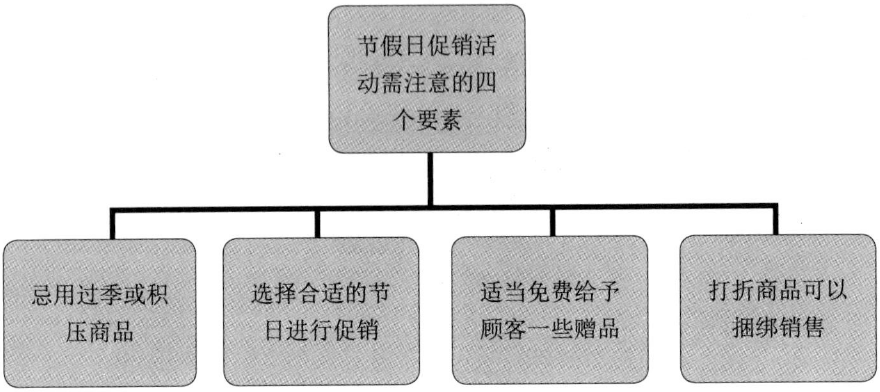

1. 忌用过气或积压商品

很多店主为了将过期和不走俏的商品销售出去，会将其作为促销商品，选择在节假日这个客流量最大的时间进行促销。虽然这样做会在短时间内给店铺带来大量的人气，但从长远来看，对店铺经营有百害而无一利。因为如果顾客发现了店主这个秘密，就会不再相信店主，自然也不会在以后的促销活动中购买该店铺的任何商品。

2. 选择合适的节日进行促销

在进行节日打折活促销动之前，店主需要选择合适的节日开展此项活动，具体可以根据自己经营的商品类型进行。这样才能应时应景，让顾客觉得顺理成章。

比如，如果店主经营的是女装或化妆品之类的商品，可以选择母亲节、妇女节、情人节等时间进行促销（见图 6-16）；如果店主经营的是儿童商品，可以选择在儿童节进行促销。

3. 适当免费给予顾客一些赠品

进行节假日打折促销活动时，如果有些商品因为成本问题折扣力度不

图6-16 七夕打折

大，那么为了打动顾客，可以适当免费给顾客提供一些赠品，这样可以提高顾客购买的积极性，大大提升店铺订单的成交率。有时为了增强与顾客之间的感情，也可以赠送给顾客一些赠品。

不过，选择赠品时，店主一定要挑那些质量过关，有使用价值，且与促销商品相关，或者跟节日有关的商品，这样才会让顾客更有购买的欲望。

如果顾客觉得赠品很好用，会觉得店主很细心、很周到，就有可能再次光临店铺购买商品。

4. 打折商品可以捆绑销售

实际上，捆绑销售是很常见的一种促销方式，常见于食品、日常用品等销售领域。捆绑销售，具体来说就是将几个产品捆绑在一起，利用其中一种或者几种产品的优势，带动另外一种或几种商品的销售。

虽然捆绑销售早已不新鲜，但却仍然备受大家的欢迎。店主选择的打折商品可以进行捆绑销售，这样能为店铺带来大量顾客，还可以提高店铺的整体销量。

选择捆绑销售的打折商品时，店主需要注意以下三点。

第一，捆绑商品中至少有一件商品具有较大的客户群。

第二，捆绑商品具有相关性或配套性。

第三，捆绑的产品应属于同一档次或质量水平。

以上几点是做好节假日促销活动的要素。掌握这些要点之后，店主就可以借助节假日这个最佳时机，适时开展打折促销活动。

第7章

CHAPTER SEVEN

做好客户管理，塑造良好口碑

在微店中，顾客是销售环节的主要对象。只有将顾客服务好了，才有可能获得订单，并保持长期稳定的合作关系。

店主必须付出一定的时间和精力，做好客户管理工作，打造一个良性的客户关系，为店铺塑造良好的口碑。

7.1

按一定标准对客户进行分类

在客户管理过程中，客户分类是一项重要工作。店主需要收集店铺内所有客户的资料，统一整理后，按照一定的标准对这些客户进行分类。

客户群体经过分类，客户资料浏览起来会更加清晰明了。店主不仅可以根据分类标准进行有针对性的推荐和引导，还可以集中精力培养那些对店铺有巨大价值的顾客，让他们为店铺创造更多的销售额。

7.1.1 按客户年龄分类

在客户管理中，按照客户年龄进行划分是最简单、最快捷的一个客户分类标准，因为不同年龄段的顾客，其购物习惯、消费能力等方面都会有所不同。

如果店主将顾客按照年龄进行划分，大致可以分为三大类，分别是婴幼儿、青少年、中老年。有了这样的分类，店主就可以将产品按照这一标准进行分类。

比如，店主主要售卖的是食品类商品，根据三个年龄段的不同需求，产品可以大致分为婴幼儿奶粉、青少年营养品和中老年人保健品三类。这样分类后，店主不仅可以按照年龄阶段对顾客进行集中、统一管理，还可以根据顾客的年龄特点，对他们进行适度的引导和推荐。

7.1.2 按客户居住城市分类

顾客在提交订单时，都会填写收货地址。根据顾客的收货地址（见图 7-1），店主可以将顾客按照城市进行划分。这样的分类方法，可以让店主清楚地了解店铺的核心顾客市场所在的地域。

具体操作办法是，将按区域分类后的顾客数量标注在一张地图上。通过这种方式分类，店主能清晰明了地看到自己的客户主要集中在哪些城市，以便日后对产品进行集中推广和销售。

图 7-1 收货地址

除此之外，在条件允许的情况下，店主还可以在核心城市举办一些促销推广活动，比如优惠抢购或买一送一等，或者是同城聚会活动，比如亲子活动等。按地域分类，能让店主集中时间和精力进行顾客关系管理，不仅可以增进彼此之间的感情，还可以提高店铺的人气和复购率。

7.1.3 按客户性格偏好分类

人的性格千奇百怪，世界上没有性格完全相同的两个人，因此店主可以根据顾客的性格偏好进行分类，比如优柔寡断型、知识渊博型、冲动急躁型、讨价还价型、理智型等。

具体分类时，店主可以根据店铺内顾客性格的基本情况，大致分为普通、常见的几类。按照这样的分类，店主在与顾客互动过程中，就可以根据顾客的性格偏好制定相应的互动方案和交流方式，以便帮助店主做好客户管理工作。由于这一内容前面已经进行了详细的讲解，这里就不一一详述了。

7.1.4 按客户消费能力分类

实际上，根据顾客的详情（见图 7-2），店主能清楚地知道每位顾客的消费能力。比如，顾客购买了多少件商品，消费了多少金额，顾客购买的是奢侈品，还是性价比较高的商品等，这些信息无一不反映着顾客的消费能力。

根据顾客的购买记录，按照顾客的消费能力对顾客进行分类，不仅有

图 7-2 客户详情

助于店铺进行产品品类的针对性推广，还能重点培养并维护优质顾客和重点顾客。

7.1.5 按订单成交状态分类

实际上，店主还可以根据订单的成交状态来划分顾客（见图 7–3），一般可以分为未成交客户和成交客户两种。其中，未成交客户可以分为潜在顾客、意向顾客和准顾客三种类型，成交客户可以分为普通客户、优质顾客以及重点顾客。

图 7–3 订单状态

按照这种分类方法，店主就能合理安排自己的时间和精力进行重点推广，也可以更有针对性地维护顾客关系。

7.1.6 按客户需求分类

不同的顾客有不同的需求，店主可以根据顾客的产品需求特点将顾客进行划分，比如店主经营的是一家母婴店，有些人只买母亲用品，有些人只买婴幼儿用品，说明其中有的顾客孩子小，所以只购买奶粉。有的顾客可能孩子大了，只购买玩具等。店主可以根据顾客的需求，主推自己的促销产品，将产品推荐给相应的顾客。

使销售目标更加明确，在一定程度上可以提高店铺的成交量。同时，收到推荐的顾客也会比较认同店主的推荐，对促进客户关系起到积极的作用。

总之，每位顾客的情况都不一样，因而顾客分类并没有一个统一的标准，店主可以根据店铺的实际情况进行分析。不管如何划分，顾客分类的原则和目的是帮助店主做好顾客管理，维护与顾客之间的良好关系，以确保店铺长期稳定地发展。这是经营微店的终极目标，也是明确顾客分类的方向，店主应牢记这一点。

7.2 对客户进行有针对性的产品推荐

如果店主对顾客的需求有清楚、完全的认识，并与顾客就这一需求达成共识，就可以根据自己积累的经验和专业知识，把握住推荐的最佳时机，为顾客做有针对性的产品推荐。提供顾客最适合他们的产品，在一定程度上会大大提高推荐产品销售成功的可能性。

7.2.1 顾客需求的五个层次

在微店中，几乎所有的店主都高度关注并不断研究顾客的需求，重视“以顾客的需求为导向”，但绝大多数店主其实并不准确地知道顾客的需求到底是什么。顾客需求的多样性、多变性、隐蔽性、复杂性，让人难以驾驭。对于店主来说，在纷繁多样的顾客需求中找到其中的共性或规律，就显得十分重要。

对于顾客来说，他们的需求存在五个层次（见表 7–1），按照从低到高的顺序排列，分别是产品需求、服务需求、体验需求、关系需求和成功需求，具体如下。

表 7-1 顾客需求的五个层次

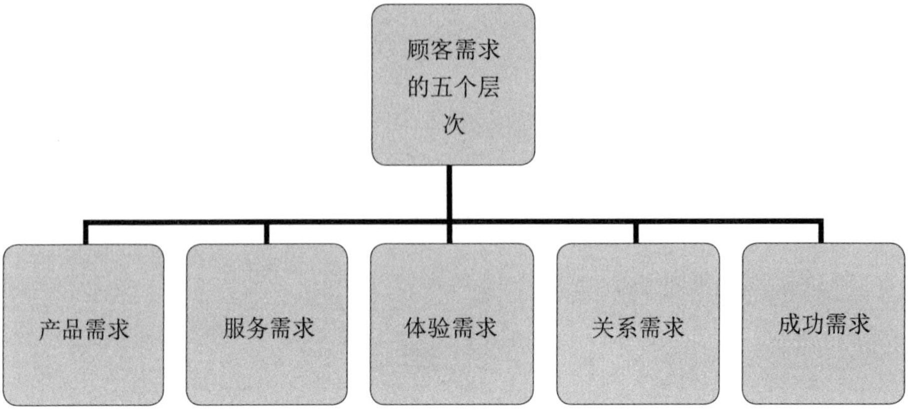

1. 产品需求

人的基本需求是衣食住行，顾客的基本需求自然与产品有关，包括产品的功能、性能、质量以及产品价格，等等。

一般来说，顾客都希望以较低的价格获得高性能、高质量的产品，因而很多购买能力较弱的顾客，仍以产品质量及价格作为购买依据。尤其是在市场出现供不应求的情况时，顾客需求竟然惊人地一致，几乎都是以产品需求为主。这个时候，谁能提供高性价比的产品，谁就能获得成功。

2. 服务需求

当顾客拥有较强的购买力时，其需求自然也会水涨船高。他们在购买商品时，不仅会关注产品，还会关注产品的售后服务，包括产品维修、退货等服务保证。但这些服务还远远不够，因为随着人们生活水平的提高，顾客的需求又上了一个台阶。他们不仅希望拥有好的产品和服务，同时还希望得到精确、及时的技术支持以及优秀的解决方案。

实际上，好的产品并不总能令顾客感到十分满意。在现实生活中，不同顾客使用同一款产品，依旧会产生不同的使用效果和收益。

之所以出现这样的情况，主要原因是随着产品科技含量和复杂性的不断提高，产品使用效能和收益的实现，已不仅仅取决于产品的好坏和服务，还取决于产品的应用实施方案以及及时有效的技术支持。

可以说，顾客不喜欢甚至反感那些服务承诺良好，但不能及时有效解决问题的店主。

3. 体验需求

随着移动互联网的兴起，人们已经逐渐从服务经济时代步入到体验经济时代。顾客在购买商品时，不愿意被动接受店主们的广告宣传，而是希望对产品进行体验，比如试用、品尝等，他们大多会拒绝接受未经体验的产品。

实际上，顾客已逐渐从被动接受转为主动参与产品的规划、设计，体验产品设计、决策等过程。因此，店主与顾客互动的每次经历，比如电话交流等，对于顾客来说都是一种体验，它会长久地存留在顾客大脑中。

顾客愿意为体验付费，因为它美好、难得，转瞬即逝，它的每个瞬间都是“唯一”。顾客希望每一次体验都能感觉到快乐，所以，顾客在体验方面的需求不是产品、服务所能替代的，它是在满足于产品和服务的基础上所产生的更高层次的需求。

4. 关系需求

在现实生活中,没有人会否认关系的重要性,而这也同样是顾客的需求。顾客购买了喜爱的产品，享受了良好的服务，得到了愉快的体验后，如果能同时结交到几个聊得来的朋友，自然会喜出望外。

对于顾客来说，“关系”的价值不仅是获得他人信任、尊重、认同和情感上的满足感，还包括在需要帮助或面临困难时，能够及时得到朋友的帮助和关怀，甚至可以与朋友共同分享和交换信息、知识等。

这也充分说明为什么顾客愿意与熟悉的店主长期交往，而不愿意与一个产品或服务可能更优质的新店主接触。一般来说，在产品、服务质量差不多的情况下，不同的店铺，其客户关系不同，在市场中的地位也会有很大的不同。实际上，这是顾客的关系需求在起作用。

5. 成功需求

获得成功是每个顾客的目标，也是顾客最高级的需求。有时候，顾客购买产品或服务可能是为了解决自己的某一方面问题,比如提高生活品质,或者是通过商品来体现自己的身份、社会地位，等等。这其实就是顾客的成功需求。

现实中，顾客并不会直接表达出自己的这一需求。如果店主不能善于发现顾客购买商品的真正目的，就会错失顾客。因此，店主不能仅看到顾客的产品、服务需求，还要能识别和把握顾客内在的、高层次的需求，否则很难与顾客达成交易。

顾客购买某件商品时，目的是要解决某个问题。一般情况下，绝大多数顾客并不十分清楚或者并不能十分清晰地提出自己的问题或需求。因此，在没有完整、清楚地把握顾客需求前，即使店主将最好的产品和服务推荐给顾客，也是无济于事的。

可以说，谁能帮助顾客真正解决问题，向顾客提供真正能够满足他们需求的商品，谁就能赢得顾客。

比如，顾客需要的是电风扇。很多店主的通常做法是，将电风扇产品以及服务展示给顾客，他们其实没有真正搞清楚顾客购买电风扇的目的。顾客购买电风扇的目的或许是降温，但这个降温是必需的吗？降温难道必须要使用“电风扇”，不能用“空调”代替吗？如果店主不深入了解顾客的购买目的，就没法说服顾客购买。

实际上，不同的行业，顾客的购买力和购买行为都会存在差异，但都不同程度地存在上述五个层次的需求。店主可以充分运用以上分析方法，识别并判断不同顾客的需求主要在哪个层次，这样就能对顾客进行有针对性的推荐，从而促进与顾客达成交易。

7.2.2 了解顾客需求的三种方法

在微店中，不同的顾客有不同的需求。如果店主不了解顾客的需求，就无法给顾客提供有效的服务，自然很难提高顾客的满意度，最终影响店铺的销量。

在与顾客沟通时，店主必须想办法引导顾客说出自己的真实需求，再根据相关信息做出适当的推荐。

实际操作时，店主可以通过以下三种方法来了解顾客的真实需求（见表 7–2），以便与顾客达成交易。

表 7–2 了解顾客需求的三种方法

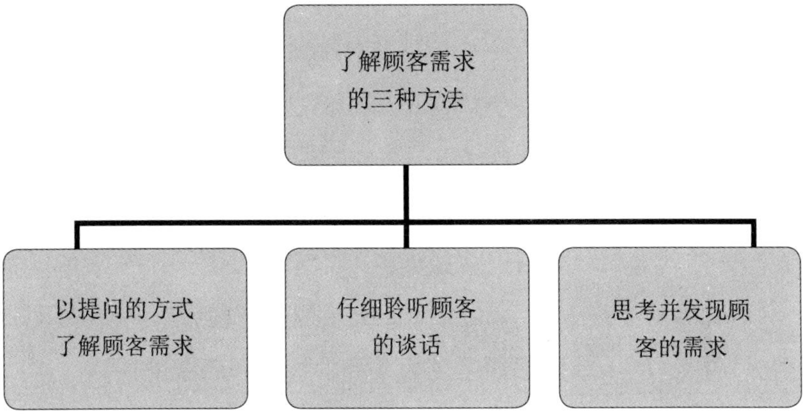

1. 以提问的方式了解顾客需求

在与顾客交流的过程中，店主可以以提问的方式来了解顾客的需求，为顾客推荐相应的商品。

（1）以询问的方式进行提问。店主可以直接询问顾客。比如，顾客购买的商品是断码的，但顾客要求退换货，店主可以告诉他：“您购买的是断码商品，只有这一件，您要不再看看其他商品，看看有没有合适的？”店主提出这样的问题，通常可以从顾客的回答中获得更多信息。

（2）以选择的方式提问。店主可以以选择的方式进行提问。比如，顾客购买的商品缺货了，店主可以问顾客是继续等待，还是选择购买其他商品。顾客通常会从中选择一种进行肯定性回答，这样店主就能从顾客的回答中进一步确认顾客的需求。

（3）以征询的方式提问。店主可以让顾客说出自己的想法和意见，以便了解顾客的兴趣和问题所在。对于有结果的问题，店主可以问问顾客对提供的服务或商品是否满意，是否有需要改进的地方，等等。这样可以提示顾客说出自己的需求，还能表达店主的诚意，从而提高顾客的满意度。

2. 仔细聆听顾客的谈话

与顾客进行沟通时，店主必须集中精力，认真倾听顾客的回答，并站在顾客的立场，尽力理解对方所说的内容。这样才能深入了解顾客的真实意图，使自己说的话有说服力。

另外，顾客诉说时，店主尽量不要打断顾客的话，并适时给予顾客适当的鼓励和恭维，顾客才会告诉你更多的信息。这样一来，店主就能全面了解顾客的情况，从而为顾客提供满意的服务。

3. 思考并发现顾客的需求

在与顾客沟通时，要对顾客的话进行思考，以了解顾客的真实需求。实际上，因顾客对商品了解不多，很可能无法准确地表达出他们的真实需求。在这种情况下，店主就要根据自己观察到的线索和顾客的谈话，借以确定顾客的真正需求。

顾客有时表述的需求并不一定是其真正的需求。在与顾客沟通时，店主要多询问，注意聆听顾客谈话，思考并从中发现顾客的真实需求，这样才能梳理出顾客真正想要表达的诉求。

此外，店主平时也要多花时间和精力研究现有的以及潜在的顾客，找到帮助顾客解决问题的营销方案，以赢得顾客的信任，进而增进彼此之间的关系。

7.2.3 结合产品特性推荐

如果顾客同意店主的推荐，店主还可以根据顾客的需求，继续向顾客介绍推荐产品的相关特点，并告诉顾客产品的这些特点是如何满足顾客需求的。

在具体推荐过程中，店主可以按照特点、优点、利益的顺序进行介绍（见表 7-3），具体如下。

1. 特点

特点是指产品本身所具有的物理特性。产品具有的特点不止一个，在有限的时间里，店主不可能将产品的所有特点介绍给顾客。因此在具体推

表 7-3 结合产品特性推荐

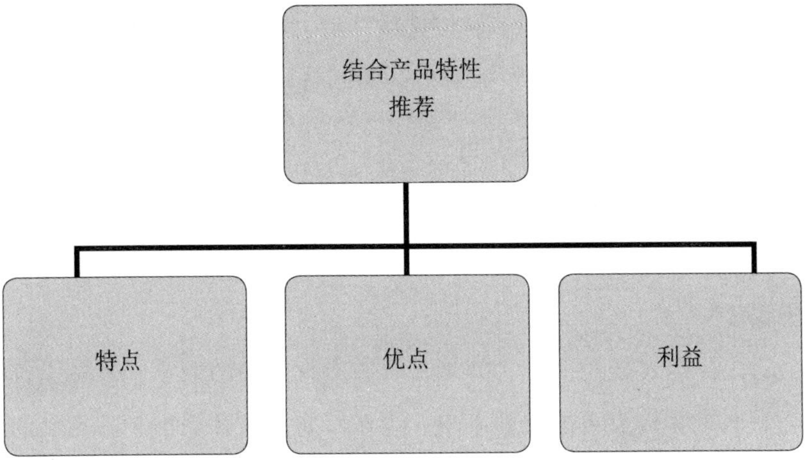

荐时，可以只介绍产品的最大特点或优点。

另外，介绍推荐产品的特点时，要尽量使用一些熟悉的语言或事物来说明，以便顾客有一个形象的认识和理解。比如，儿童玩具大约有 200 克，店主可以向顾客介绍，玩具大概有 3 个鸡蛋那么重。

2. 优点

优点是指产品以及服务能够实现的功能或特点，这个优点是其他产品不具备或无法比拟的。也就是说，你的商品具有哪些优势。

比如，苹果笔记本具有轻、薄、有质感、色彩好等特点，它不仅携带方便，而且可以满足顾客的虚荣心。

3. 利益

利益是指顾客提出的某种需求，可以通过店主推荐的产品或服务本身具备的优点得到满足。

店主在向顾客陈述利益时，一定要紧扣顾客的需求。如果你陈述的利益与顾客需求无关或关系不大，那么店主所说的内容就不是利益陈述，而是简单介绍产品的功能或优点，这就不是对顾客有针对性地推荐。

比如，顾客想要购买一件运动服，你的店铺没有运动服，只有时尚服装。你告诉顾客说，时尚服装更好看，顾客会接受你的推荐吗？

以上是结合产品特性推荐的基本步骤。除了要掌握这些方法外，店主还需要掌握细节方面的技巧。做好这些功课，在向顾客推荐产品时，才能给顾客一个购买的理由，并说服对方购买下来。

7.2.4 确认顾客是否认同

在与顾客互动过程中，如果店主已向顾客介绍完产品的相关特点和功能，就可以试探性地询问顾客的意见，确认顾客是否认同。比如，“它符合您的要求吗？”

当店主提出这样的问题，如果顾客做出肯定性的回答，接受了自己的意见，那么顾客极有可能立即下单。当然，如果顾客提出一些自己的看法和意见，店主就要根据顾客的反馈做出相应的解释和说明。

不过，在向顾客进行有针对性的推荐时，最好不要介绍太多没有必要的产品特点，只要将与顾客需求相关的产品特点和利益陈述出来就可以了。如果介绍太多无关痛痒的内容，不但无法引起顾客的兴趣，还容易引起顾客的反感。这一点店主一定要注意。

另外，顾客表达出自己的需求后，店主要及时抓住机会，以免错失良机，失去这位顾客。在推荐商品时，如果顾客没有太多时间，店主可以换个时间再与其沟通。如果顾客非常愿意与店主互动，店主应适时询问顾客的交易意愿，这样成功将产品推销出去的概率就会大大提高。

7.3

研究客户档案，深挖老客户价值

很多店主只重视吸引新顾客，将客户管理重心放在开发新顾客上，忽视了维系现有顾客。这样做的缺点是，一方面，店铺销售业绩会受到影响，另一方面争取新顾客所花费的成本，要比维系老顾客昂贵得多。

店铺交易大多来自于老顾客的再度购买以及推荐，留住老顾客，有利于发展新顾客。因此，店主应仔细研究顾客档案，深挖老顾客价值，与老顾客建立长期稳定的信任关系，这样才能确保店铺长足发展。

7.3.1 给予优惠和奖励，激励老顾客介绍新顾客

对于店主来说，老顾客不仅可以给店主带来直接的经济利益，还可以为店铺带来间接的经济利益。因为个人的购买行为很容易受到群体的影响，其中家庭、朋友、领导、同事是相互影响比较大的一个重要群体。这个群体会使个人的行为趋向一致，进而影响个人对商品和品牌的选择。

对于店主来说，一旦你留住了一位老顾客，并让他们获得了良好的体验，那么他们就会自发地为你传播，将品牌和口碑传递给他们周围的人。

也就是说，如果老顾客对店铺的商品很满意，极有可能介绍给自己身边的亲朋好友。老顾客周围的朋友发现他购买的商品不错，会主动询问老顾客在哪儿购买的。可以说，一个满意的顾客会为店铺带来多笔潜在生意。因此老顾客的价值是不可估量的，店主不能将老顾客当成普通顾客一样对待。

一般来说，只要店铺商品性价比高，服务可靠，那么顾客对店铺会产生较高的忠诚和信任。只要他们有需求，店铺中又有他们需要的商品，他们通常不会货比三家，而是选择立即下单。

如果老顾客多次在店铺中购买商品，店主应该适当地给予老顾客一些优惠和奖励，以满足他们的虚荣心，激发他们为店铺带来更大的利润。具体的做法是，老顾客购买商品时，店主可以根据顾客购买商品的数量给予一定的优惠和折扣。比如，老顾客某次消费未达到打折金额时，店主可以适当降低价格或赠送小礼品，以取得老顾客的好感。

将老顾客服务好了，他们会将美好的购物体验告诉身边的亲朋好友，这会给店铺带来大量的客流量和点击率。如果老顾客为店铺带来了新顾客，店主可以根据老顾客提供的客流量，给予其相应的优惠和奖励，这也是行之有效的措施。

比如，老顾客带来 5 位新顾客，购物可以享受 9 折优惠；老顾客为店铺带来 10 位新顾客，可以享受 8 折优惠，等等。

老顾客享受到店铺给予的优惠和奖励，就会更加卖力地为店铺介绍更多新顾客，这样不仅可以稳固彼此之间的关系，还可以挖掘老顾客身边的资源，为店铺创造更多的价值。

7.3.2 将老顾客发展成为分销商

实际上，老顾客除了能为店铺带来大量潜在顾客外，还有一个更大的价值可以挖掘，就是将老顾客发展成为分销商。

老顾客对店铺商品的价格和品质了如指掌，将他们发展成为分销商，双方就成了利益共同体，他们会为了利益尽力做好推广工作，这对店铺的发展有百利而无一害。

在微店经营中，分销商占据着举足轻重的地位，店铺利润有很大一部分来自分销商。店主要想将老顾客发展成为分销商，就要注重培养老顾客的满意度和忠诚度，坚持为他们提供好的产品和服务。同时，加强与顾客的沟通，与顾客共同进步，共同得益，也可以实现双方互利共赢的目的。

总之，老顾客的潜在价值有很多，要想挖掘他们的价值，就要树立服务顾客的思想，认真分析和研究顾客资料，处理好与老顾客的关系。只有这样，才能服务好老顾客，使老顾客成为店铺的分销商，为店铺带来更多的收益。

7.4

服务好分销商，保持店铺长期有效的推广

在一些成功的微店中，店铺有相当一部分商品是依靠分销商的推广完成销售的。众人拾柴火焰高。店主可以大力发展分销商，让分销商帮助你一起推广店铺和商品，双方共享利益。

从这个意义上来说，与分销商建立长期稳定的关系很重要，因为只有服务好分销商，才能保持店铺长期有效的推广和销量。

7.4.1 向分销商推荐质优价廉的好商品

没有人愿意推广一件各方面都拿不上台面的商品，即使勉力对这种商品进行推广，其推广效果也是差强人意。因此，在向分销商介绍商品时，店主需选择那些质优价廉的好商品，并将其推荐给分销商。

质优价廉的商品，分销商一般都会非常愿意推广，推广行动也会比较积极。一旦推广的商品卖出去了，不仅店铺可以赚到钱，分销商也可以拿到相应的佣金，这样会激励他们继续推广。

7.4.2 给分销商参与交流和评论的平台

与顾客一样，分销商也需要多沟通、多交流，这是彼此之间互相了解和信任的基础。如果分销商不信任你，店铺自然无法保持长期有效的推广。因此店主要多与分销商沟通交流，增加分销商对你的信任。

在现实生活中，很多分销商与店主相距甚远，不方便见面交流，只能借助各种社交平台，比如微信、微博等。店主可以添加分销商为好友，再通过这些社交平台与分销商沟通交流。

此外，店主还可以建立一个分销商交流群，将所有分销商集中到群中，这样不仅方便管理分销商，而且自己不在线时，他们也可以提供帮助。

7.4.3 给分销商提供有用的资讯

对于店主来说，分销商与顾客同等重要。店主应该更主动地为分销商提供优质服务，通过服务提高分销商的忠诚度。同时，店主应处理好与分销商的关系，与其建立友好、互利的伙伴关系。

为了帮助分销商提高推广效果，店主也要及时给分销商提供有用的资讯，帮助他们了解产品，了解顾客，或者了解整个业态。

实际上，即使分销商们不在你的店铺购买商品，他们也会将你的商品分销给他们的亲朋好友。当别人购买商品后，分销商获得了相应的佣金，店铺也获得了收入。

店主应该将眼光放长远些，即使暂时没有看到相应的经济回报，也应该将分销商服务好，因为店主所做的每项投资，并非都能立即兑现收益，而是在以后的店铺发展中逐渐显现出来。